さよなら、
子ども虐待《ぎゃくたい》

細川貂々 & 今一生
TENTEN HOSOKAWA ISSHOW CON

創元社

はじめに
この本を手にとってくださったあなたは
子どもですか？
大人ですか？
子どものみなさんに質問《しつもん》です
大人に言われて嫌《いや》なことありますか？
大人にされて嫌《いや》なことありますか？
「嫌《いや》」じゃなくても「不安だ」とか「怖《こわ》い」でもいいです
そーゆーのもしかしたら「虐待《ぎゃくたい》」かもしれません
だってフツウの人間関係で嫌《いや》とか不安とか怖《こわ》い目に遭《あ》わせることはないからです

大人の みなさんに 質問《しつもん》です
あなたは昔 子どもでしたか？
たぶん みなさん 全員が子ども でしたよね
それじゃ
あなたが 子どもの時
大人に言われて 嫌《いや》なこと ありましたか？
大人にされて 嫌《いや》なこと ありましたか？
もしかしたら それも虐待《ぎゃくたい》 かも
子どもなんだから そうされて当たり前 仕方がないとガマン してただけかも

この本は
虐待《ぎゃくたい》なんて
自分には関係ない
と思ってる人が
もしかして
自分も
されてるかも
もしかして
自分も
してるかも
あるいは
あの人
してるかも

と気づける
きっかけになる
本です
私《わたし》自身も
虐待《ぎゃくたい》とは
関係がないと
思ってました
でも
関係ない
知らない
では済《す》まされない
あなた自身の問題
なんです
知らないと
とんでもない
ことに…

特に子どもたちは
知らぬ間に虐待《ぎゃくたい》され

そしてあなたも
知らぬ間に
虐待《ぎゃくたい》している側かも
しれないんです

えっ ひょっとして私《わたし》 虐待《ぎゃくたい》してる 可能性《かのうせい》あるの？
息子もイヤに思ってることあるの？

虐待《ぎゃくたい》のこと
知りたい!!
たぶんこの本を読む
みなさんも私《わたし》と同じ
気持ちだと思います
お子さんがいない方も
子育てが終わった方も
私《わたし》と一緒《いっしょ》に知っていきましょう

さよなら、子ども虐待《ぎゃくたい》

目次

第3章 さよなら、子ども虐待《ぎゃくたい》

デザイン　いわながさとこ
制作協力　竹添友美

第1章

「子ども虐待《ぎゃくたい》」って何ですか？

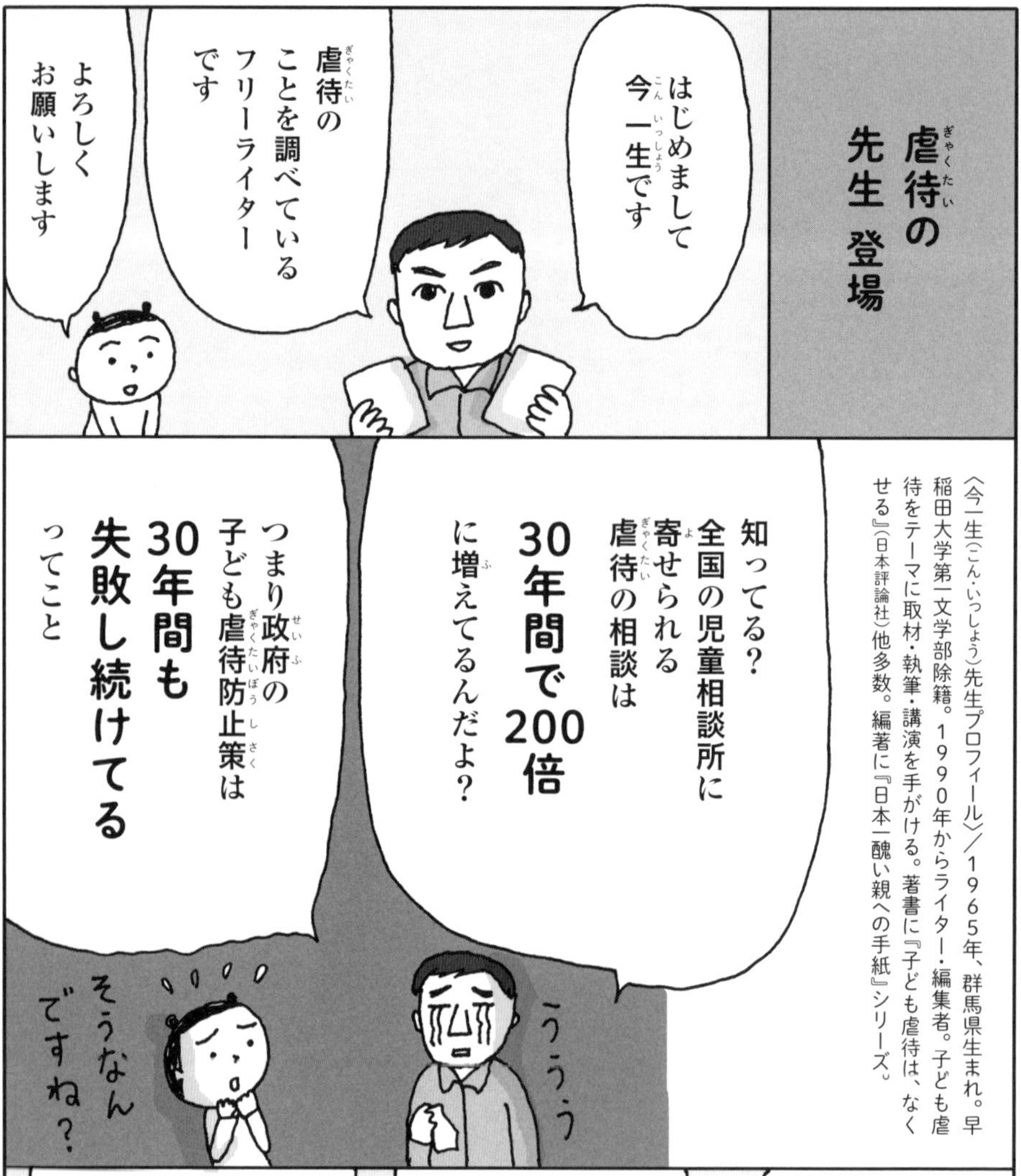
虐待《ぎゃくたい》の先生 登場
はじめまして 今一生《こんいっしょう》です
虐待《ぎゃくたい》のことを調べているフリーライターです
よろしくお願いします
〈今一生（こん・いっしょう）先生プロフィール〉／1965年、群馬県生まれ。早稲田大学第一文学部除籍。1990年からライター・編集者。子ども虐待をテーマに取材・執筆・講演を手がける。著書に『子ども虐待は、なくせる』（日本評論社）他多数。編著に『日本一醜い親への手紙』シリーズ。
知ってる？ 全国の児童相談所に寄《よ》せられる虐待《ぎゃくたい》の相談は30年間で200倍に増《ふ》えてるんだよ？
つまり政府《せいふ》の子ども虐待《ぎゃくたい》防止《ぼうし》策《さく》は30年間も失敗し続けてるってこと
ううう
そうなんですね？
私《わたし》の周りに虐待《ぎゃくたい》をしてるような人がいなくて
もしかしたら見えてないだけかもしれないんですけど
虐待《ぎゃくたい》のことを詳《くわ》しく教えてもらってもいいですか？
OK

たとえばね
ハイ
お母さんが自分の娘《むすめ》を
理想の美少女に プロデュースしたいと 思ってる
娘《むすめ》の方は
こーゆーの イヤだな もっとラクな 服着たい
と思ってる
コレって 親が自分の 子どもを ちゃんと 見てないって ことだよね
親は「理想の子」を見てる
ハイ
「この子は 私《わたし》の娘《むすめ》だから 私《わたし》の好きにしていい」
と勝手に思い込《こ》んでる
ハイ そうですね
コレって 教育虐待《ぎゃくたい》の バリエーションの ひとつだよ
えっ
ああ そうなんですね

一番最初の
虐待《ぎゃくたい》の前段階《だんかい》は
「親の思い込《こ》み」
コレ
イコール無知
ってことです
虐待《ぎゃくたい》は
無知から
始まるよ
ムチですか？
無知だよ
日本の場合は
当たり前のように
子どもを自分の
分身みたいに
思って育ててる
自立するのを
嫌《いや》がるから
小さい時から
お母さん（お父さん）が
呪《のろ》いをかける
私《わたし》の言う通りに
生きないと世間に
嫌《きら》われちゃうよー

はっ
そういえば私《わたし》の母はそんなこと言ってました
幸せそうにしてたら世間から嫌《きら》われるから幸せそうにしてはいけない
そう言われて育ちました
それでお母さんの言う通りに生きてどうだった？
自分は幸せになっちゃいけないって思い込《こ》んで
どんどんネガティブに考えるようになって
オーホホホ
立派《りっぱ》なネガティブ思考クイーンに
なりました
どーせ私《わたし》なんか何やってもうまくいかないダメ人間です!!

そうなれてよかった?
いーはずがありませんっ
ネガティブ思考クイーンって何に対してもブツブツ文句《もんく》言ってるだけでそこから前に進もうとしません逆《ぎゃく》に世間にはうっとうしがられていました
だよね
親の言う通りに世間に嫌《きら》われないように生きたって
世間はこっちの人生に責任《せきにん》を取ってくれないし親も取らない
ハイ
ヒック
そーゆーこと学校も誰《だれ》も教えてくれないから
親ののろい
親にかけられた呪《のろ》いはいつまでも永遠《えいえん》に消えないんだよ

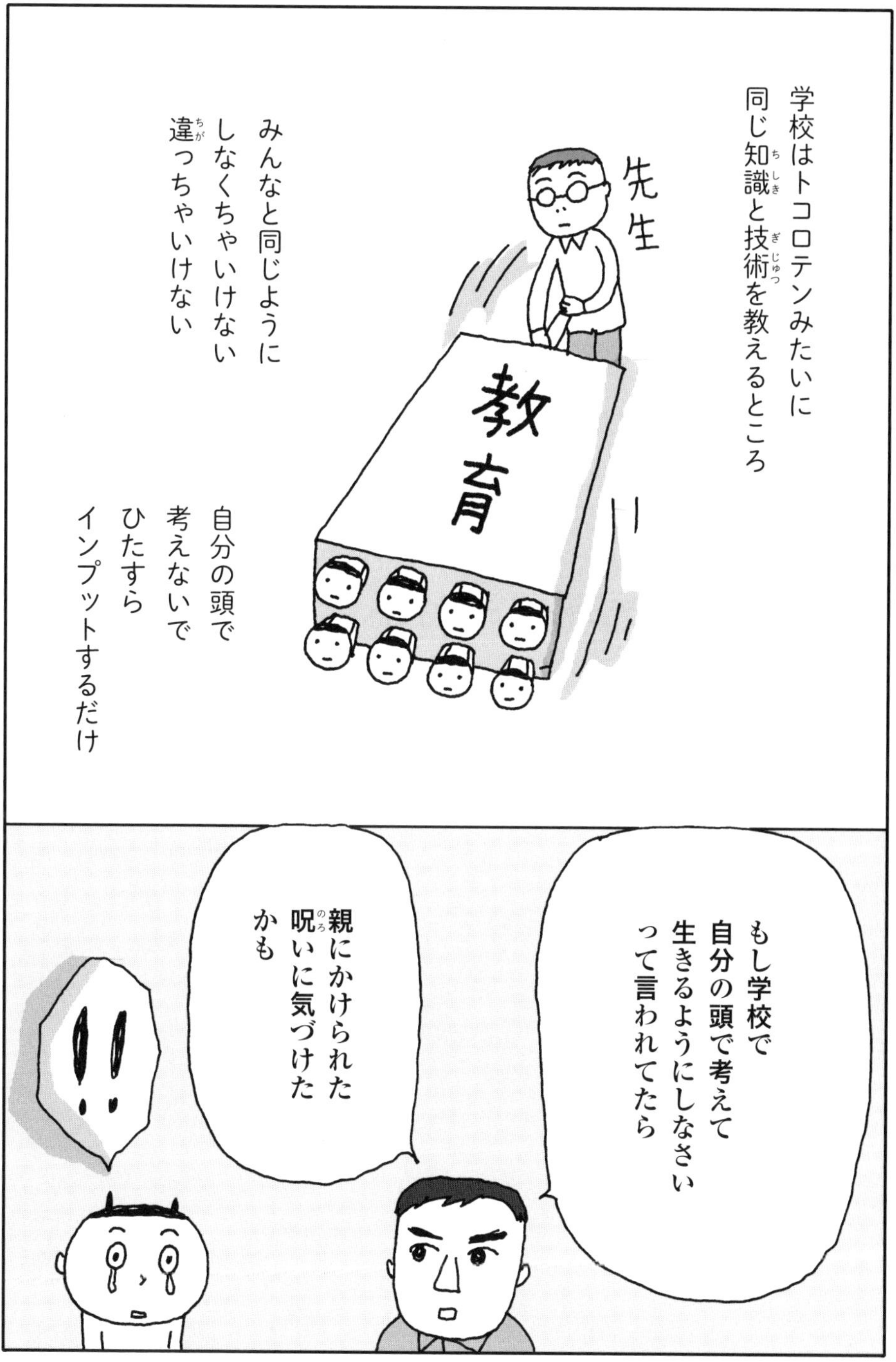
学校はトコロテンみたいに
同じ知識《ちしき》と技術《ぎじゅつ》を教えるところ
先生
教育
みんなと同じように
しなくちゃいけない
違《ちが》っちゃいけない
自分の頭で
考えないで
ひたすら
インプットするだけ
もし学校で
自分の頭で考えて
生きるようにしなさい
って言われてたら
親にかけられた
呪《のろ》いに気づけた
かも
!!

親も無知でいちゃ
イライラするし

子どもも無知でいちゃ
苦しいばかり

知らなきゃいけないことを
ちゃんと知って学ぶ

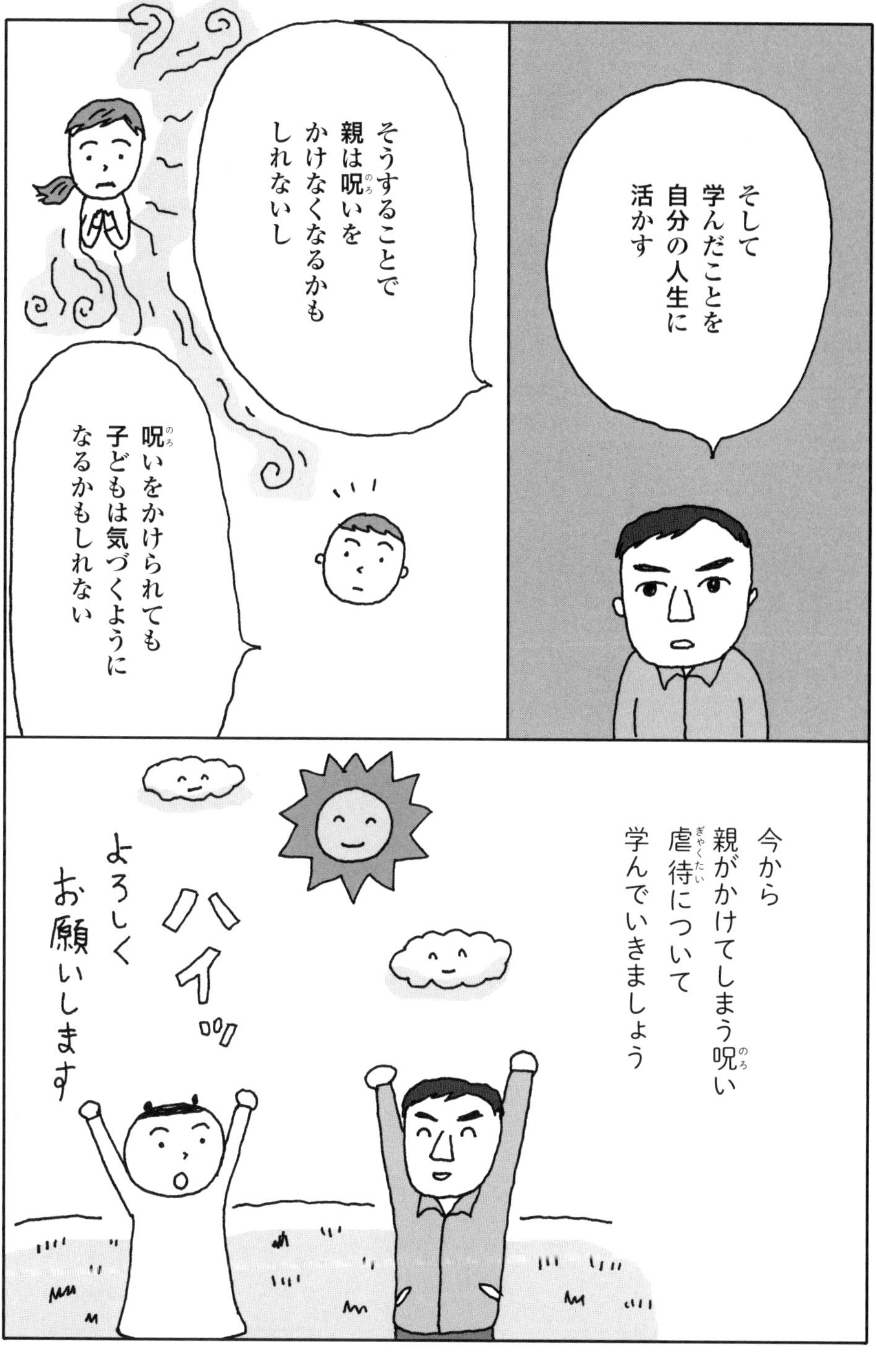
そして
学んだことを
自分の人生に
活かす
そうすることで
親は呪《のろ》いを
かけなくなるかも
しれないし
呪《のろ》いをかけられても
子どもは気づくように
なるかもしれない
今から
親がかけてしまう呪《のろ》い
虐待《ぎゃくたい》について
学んでいきましょう
ハイッ
よろしく
お願いします

ルポ 子ども虐待《ぎゃくたい》

記者・今一生

VOL. 1

虐待は、親の思い込みから始まる

被害の自覚は、大人になってから

僕（今一生《こんいっしょう》）は、1965年に群馬県で生まれた。千葉県の社宅に引っ越した3歳の頃、父の姉の家で、父が母の頬にビンタした。幼い僕にはよほど恐怖だったのか、57歳になった今も覚えている。

父は、母の発達障害に対してイライラしていたのだろう。もっとも、僕が母親の障害特性に気づき、ヤングケアラー（※本来大人が担うと想定されている家事や家族の世話などを日常的に行っている子ども）だと自覚するのは、大人になってからだった。母は病院で診てもらうことをためらい続け、父も母の障害特性を認めようとしなかった。

母は人の話が聞けない。暴力と怒鳴り声で威嚇する父の話だけはおびえながら理解しようとはするが、子どもや隣人の話は、聞いているようで、耳に入っていないかのようだった。だから、僕は両親に自分の気持ちを理解されることが、ほとんどなかった。

1990年にフリーライターになった僕は、虐待の取材を始めた。だが、当時は、関連イベントに数多く参加しても、出会うのは朝日新聞の同じ記者1人だけだった。そこで、1997年に虐待被害者から被害体験記を公募し、１００人分を収録した本『日本一醜い親への手紙』を編集し、虐待の深刻さを知らしめることにした。

多くの人が虐待を知らない

『日本一醜い親への手紙』は10万部の大ヒットになり、それ以降、テレビ番組や新聞記事でも子ども虐待が取り上げられるようになり、多くの出版社が「毒親」関連本を出せるようになった。

　しかし、あれから25年が経《た》っても、子ども虐待に関する一般人の関心が大きくなったか。虐待の4つのタイプをすらすら言える人は、今でも少ない。新聞記者もテレビ局のディレクターも、虐待から自主避難するために家出した未成年（行方不明届の受理件数）のうち、犯罪の被害者になるのは2％未満という警察庁統計を見ていない。家出は非行であるかのような一方的な報道も多く、現場や事実が見えていないのだ。

　２０２２年に宗教2世が「宗教がらみの虐待でも一時保護を」と、厚労省に7万人ものネット署名を提出し、厚労省がその趣旨を受け入れた発表をすると、ほとんどの人が喜んだ。宗教がらみであろうとなかろうと、虐待の相談件数のうち、85％以上は一時保護できていない。受け入れを発表しても、一時保護施設や職員の不足によって定員オーバーでも被虐待児を詰め込んでおり、受け皿が足りていないこと自体が知られていないのだ。

親の言うとおりに育つ子ども

大人が自分のしていることを「虐待」だと学ぼうとする意欲が薄い今日、子どもはどんなにひどい虐待をされていても、家出までは考えず、1人でつらさに耐えている。

しかも、「育ててもらっているんだから仕方がない」とか、「きつい仕打ちも自分の将来を思ってのこと」とか、「よその家でも同じはず」などと、ひとりよがりの考えに陥る。そして、客観的に見ればおかしな親に対しても、結果的に従順な奴隷に育ってしまう。

今日では虐待の1つとして問題視される「教育虐待」は、40年以上も前の1970年代末にNHKでドラマ化された城山三郎《しろやまさぶろう》の小説『素直な戦士たち』に描かれていた。「良かれと思って」わが子の東大入学を願う親は、受験戦争に子どもを追いつめ、子どもの自尊心を壊し、「勝ち残る者だけが幸せになればいい」という差別を育てた。

東大に入った「勝ち組」は、自分より偏差値が低いヤンキーやギャルと付き合う経験もなく、彼らの低所得を自己責任と考え、自分と同じ所得に引き上げる仕組みを作らなかった。それが、親に抵抗できないまま仕込まれた作法だからだ。

子どもを支配することを愛だと思い込み、虐待を正当化してきた親は、自分の子だけを「勝ち組」に育てれば誇りを感じ、わが子が不幸になろうと、反省はしない。

虐待について国や学校は教えない

東大を頂点とする高偏差値の大学出身者は、官僚や政治家になりやすい。だが、彼らは「勝ち組」ゆえに教育虐待の犠牲者である自覚が薄く、自分が試験で蹴落としてきた人が、自分より教育投資に恵まれなかった環境に育ったことや、勝つためのスタートラインに立つことすらできなかった境遇を、「運」で片づける。

彼らは、学歴格差が将来の所得格差を生むと知っていても、「負け組のことなんて知らない」と居直り、後続の子どもが虐待されて自尊心や学習意欲を損なっても、他人事《ひとごと》にしてきた。虐待を愛だと思い込んだ親に育てられた人は、自分の痛みに鈍感だ。その結果、官僚や政治家は小中学校で虐待について学べる機会を作らなかった。

虐待とは、法的には「親権の濫用」である。2023年4月に始動したこども家庭庁では、そこへ出向した文科省・厚労省の官僚どうしで情報交換がなされる。だが、虐待を知るための基礎知識である親権のおそろしさを学べるかどうかは、同庁準備室のYouTube動画を見る限り、期待できそうにない。

子ども虐待の解決にとって、国の政治や教育の変革こそが本丸なのだ。家庭だけを見ていても、虐待を温存する仕組みには気づけない。

どこからが
虐待《ぎゃくたい》なのか
わからない
テレビのニュースでは
とても悲惨《ひさん》で
残虐《ざんぎゃく》なことを
してる虐待《ぎゃくたい》の様子
が伝えられてきます
知り合いの人が
2人目の子が
生まれた時
イライラして上の子を
叩《たた》いてしまった
今とても後悔《こうかい》してる
あれは虐待《ぎゃくたい》だったのか
わからない
と言ってました
どういうことが
虐待《ぎゃくたい》で
どこからが
虐待《ぎゃくたい》になるの
でしょうか

じゃあひとつ
例をあげるね
ボクのところに
中学1年生の
女の子からメール
が来ました
小学生の時まで
お父さんが
いたんだけど
離婚《りこん》して今は
お母さんと2人暮《ぐ》らし
お母さんは心の病
らしくて毎日寝《ね》てる
なので
おそらく
生活保護《ほご》
なんだと思う
ある日 夕方になると
知らないおじさんが
来るようになる
しかも
日によって
違《ちが》う
男の人が来る
だから中学校が
終わって帰宅《きたく》しても
家に入りづらい
しょうがないから
ずっと外にいる
朝まで

その子はお母さんが
何か大人の関係のことをして
おじさんたちからお金を
もらってることに気づいてる
お母さんは病気で
外で働けないから
自分の生活のためにやってる
ことだというのもわかってる
コレ
虐待《ぎゃくたい》だと
思いますか？
お母さんは
3食ちゃんと
食べさせてるので
ネグレクト※ではない
お母さんが娘《むすめ》さんに
おじさんたちと
何してるか見せてたら
性虐待《せいぎゃくたい》（47頁《ぺーじ》参照）だけど
娘《むすめ》さんは「そうだろうな」
と察してるだけ

※子どもに対する適切な養育を親が放棄すること（46頁も参照）

※児童虐待防止法における「虐待」の定義には当てはまらない。しかし条例によっては深夜に未成年が家の外に保護者なしでいれば、親権者の居所指定権の濫用となり虐待になることも

ルポ

子ども虐待《ぎゃくたい》

記者・今一生

VOL. 2

虐待のライン

どこからが虐待？

子ども虐待は、法的には「親権の濫用」として家庭裁判所に認められた行為、もしくは児童相談所（通称・児相）の職員が子どもを保護・支援・観察する必要があると判断した行為（＝子どもへの不適切なかかわり）だ。そのため、日常生活で一般人が子どもに対して行った言動が、虐待であるかどうかを判断するのは難しい。

児童虐待防止法14条では、親権者が子どもをしつける際に体罰をすることや、監護と教育に必要な範囲を超えるような行為は禁じられている。子どもの体に苦痛を与え、不快感を意図的にもたらす行為は、体罰に該当するのだ。

また、怒鳴りつけや辱め、笑いものにすること、子どもの心を傷つける暴言なども、「体罰以外に用いるべきでない心を傷つける行為」として禁じられている。「おまえなんか産むんじゃなかった」という冗談や、「君は妹より勉強できない」などときょうだいを比べる言動も虐待だ。

もっとも、被害者になる子どもは虐待について学ぶ機会がなく、虐待対応ダイヤル189（68頁《ぺーじ》参照）を知らない。そこで児相に相談をしてもほとんど保護されず、子どもが家裁の判断を仰ぐのもレアケースだ。

微妙な虐待の線引き

体罰ひとつとっても、その定義は極めてあいまいだ。厚生労働省が2020年2月に発表した指針「体罰等によらない子育てのために〜みんなで育児を支える社会に〜」では、頬や尻を叩《たた》くことや長時間の正座などを具体例として挙げている。だが、客観的かつ即座に体罰だと判断しにくい事例は少なくない。

僕（今一生《こんいっしょう》）が未成年から聞き取ると、「入浴中の姿を『成長観察』だと言われて毎度のぞき見された」とか、「便所をきれいに掃除しても『便座をなめてみろ』と命令された」とか、「水を替えない風呂に毎日入れられた」など、習慣になれば心身の健康が危ぶまれる被害を受けていた。

親の監視下では被害のようすを画像や動画に記録できず、泣き寝入りするしかない。親にとっては愛やしつけのつもりか、暴力や性の衝動による言動だが、民法上、未成年は親権者に一方的に支配される存在であるため、子どもは親に「虐待はやめて」と交渉する権利すらない。

この親子間における不平等な民法を変えないなら、「子どもが苦痛だと訴えた言動は虐待」という主観的な定義を認めるのが、子どもの権利擁護に必要だろう。

虐待《ぎゃくたい》する親のケース
じゃあその「上の子を叩《たた》いてしまった」というケースについて考えてみよう
ハイ
ボクのところに相談しに来るケースを見てると
4
子どもを虐待《ぎゃくたい》する親は4パターンに分かれる
4パターン
ABCDで説明するね

A層《そう》
そもそも虐待《ぎゃくたい》したいなんて思ってない親
初めての子って不安で誰《だれ》でもアタフタするんだよ
何していいかわからない
ハイ私《わたし》もそうでした
そういう子育てのストレスを抱《かか》えて誰《だれ》にも相談できないで
イライラ
はっ
つい叩《たた》きそうになったり大声で怒鳴《どな》りたくなるのを抑《おさ》えている
そういう自分をなんとかしたいともがいてる親

B層《そう》

虐待《ぎゃくたい》をしてしまった親

すでに
子どもを叩《たた》いて
しまった

大声で怒鳴《どな》って
しまった

加害者意識《いしき》の
自覚はあり
自分が悪いことを
したと責《せ》めてる

こんなことをしてしまう私《わたし》ってダメな親
誰《だれ》かに相談したいけど叱《しか》られるの怖《こわ》い
公共機関に相談したら子どもが児童相談所に連れ去られるかも
親自身が子育てでつかれてる

C層《そう》

B層《そう》の人がこじらせて転落

虐待《ぎゃくたい》を
してしまう理由を

そもそもこの子が
私《わたし》の言うことを
聞いてくれないのが
悪い

子どものせいにして
日常的《にちじょうてき》にしてしまう
ようになる

だんだん

誰《だれ》かに相談する
くらいなら
叩《たた》いてる方が楽

という考え方に
なって

世間に知られるのが
怖《こわ》いので徹底的《てっていてき》に
世間体を良くする

こんにちは

子どもには

外の人に言っちゃだめ

と口封《くちふう》じする

子どもが 突然
「事故死」する
ことがある

D層《そう》

虐待《ぎゃくたい》が快楽《かいらく》になってる親

D層《そう》は虐待《ぎゃくたい》が
親にとって快楽《かいらく》になっており
支配《しはい》し続けたいと望み

子どもに自分が死ぬまで
面倒《めんどう》を見させるため
「生かさず殺《ころ》さず」の
状態《じょうたい》に置く

自分も子どもの頃《ころ》に
親に虐待《ぎゃくたい》されたり
間違《まちが》った教育で育てられて
きたケースもある

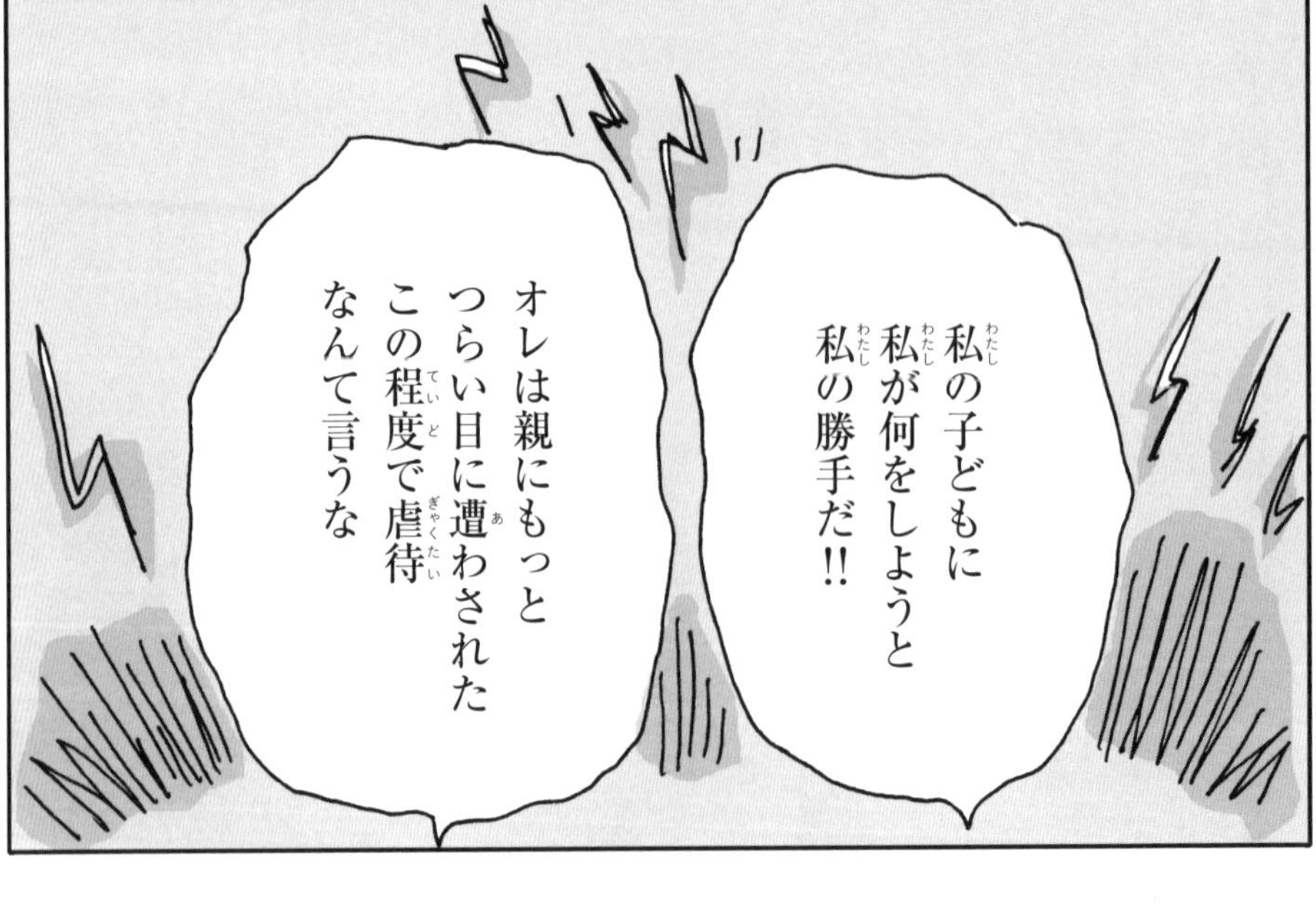
私《わたし》の子どもに私《わたし》が何をしようと私《わたし》の勝手だ!!
オレは親にもっとつらい目に遭《あ》わされたこの程度《ていど》で虐待《ぎゃくたい》なんて言うな

という感じ
……
てんてんさんのお知り合いのケースだと
A層
B層
A層に近いB層《そう》にあてはまるんじゃないかな
次のページで詳《くわ》しい対処法《たいしょほう》を説明するね
ハイ

対処法《たいしょほう》

- 子育ての不安を身近な人に相談する
- 市役所などの子育て支援《しえん》課や
児童相談所に相談する

- カウンセリングや
自助グループに行く
- 直接《ちょくせつ》子どもに謝《あやま》る
(その場合 家の外でが
望ましい。38頁《ぺーじ》参照)

今さんの案

Ⓑの人で反省した人が
Ⓐの人の相談に乗れる場が
あるといい
当事者《とうじしゃ》だから一番気持ちがわかる

子どもが殺《ころ》される(たいてい事故死《じこし》)か
病院の小児科医や学校の担任教師《たんにんきょうし》
などが気づかない限《かぎ》り発覚しない

子どもの苦しみは大人に
なっても永遠に続く

家庭という密室《みっしつ》の中で行われ外には発覚しない

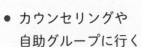

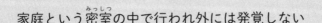

虐待《ぎゃくたい》する親のパターン

A 虐待未満《ぎゃくたいみまん》

立ち直れる

ひとりで悩《なや》まないで
誰《だれ》かに助けてもらおう

B 虐待《ぎゃくたい》しました

起きてしまったことを認《みと》めて反省
これからどうするか誰《だれ》かと一緒《いっしょ》に
考えよう

犯罪

C 虐待日常化《ぎゃくたいにちじょうか》

- 各種の相談機関に怖《こわ》がって行かない
- 虐待《ぎゃくたい》を嫌《いや》がる配偶者《はいぐうしゃ》も加担《かたん》させ
「共犯者《きょうはんしゃ》」にすることで支配《しはい》する

D 虐待《ぎゃくたい》　快楽《かいらく》

子どもに自分の面倒《めんどう》を
見させる「一生のドレイ」に

ココから病気なので治療が必要

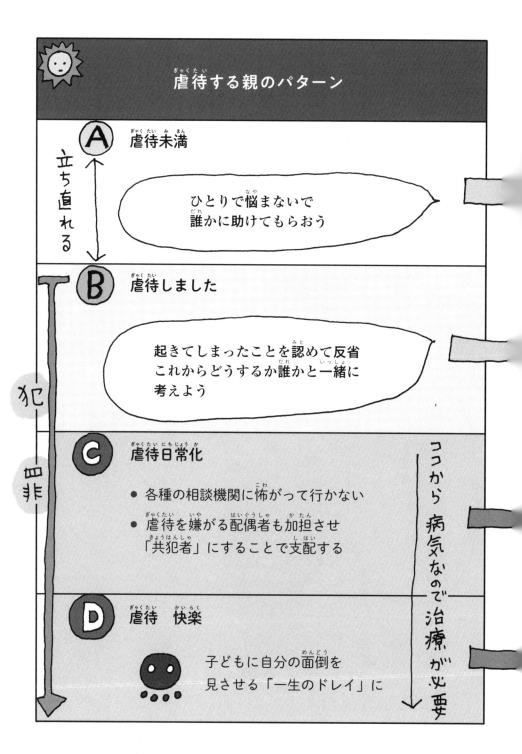

ボクさ
はい
その「虐待《ぎゃくたい》しちゃったかもしれない」親御《おやご》さんにお願いがあるんだ
ハイ なんでしょう
今からでも遅《おそ》くないので
お子さんに謝《あやま》ってください

いろんなケースを見てるけど
親が子どもに謝《あやま》ることで子どもの気持ちは救《すく》われるんだよ
ああ
なんとなくわかります
その場合
家の中じゃなく家の外たとえばファミレスとか喫茶店《きっさ》などで謝《あやま》ってください
親子って家の中だと甘《あま》え合うのよ
気持ちをちゃんと伝えにくい
たとえお子さんがもう成人してる年齢《ねんれい》になっても
虐待《ぎゃくたい》してしまったと気づいたら謝《あやま》ってください

ルポ

子ども虐待《ぎゃくたい》

記者・今一生

VOL. 3

虐待の現実

親子間の虐待事例

　1990年代の後半から子ども虐待について雑誌や本で執筆し、イベントや講演などでも発信してきた僕（今一生《こんいっしょう》）には、虐待された当事者から20年以上も被害報告がメールやSNSに届き続けている（以下、個人特定を避ける形で紹介）。

　祖父があるカルト宗教の幹部だった東京の少年は、幼少の頃から働かない父親の機嫌次第で殴られていた。平手や拳はもちろん、金づちでも殴られた。また、末っ子の彼だけが予備校に行く金を都合してもらえなかった。

　北海道のある少女は高校生の頃、勉強中の自分の背中に毎晩母親が刃物を持って迫ってくるのが怖かった。母は精神的に不安定だったが、校長に話しても信じてくれない。ひとり暮らしを始めると、学校は校則違反として授業に参加させてくれなくなった。

　大阪のある少女は、中学生になると父親から突然抱きつかれ、キスされるようになった。勇気をふりしぼって担任教師に相談すると、「お父さんはあなたのことが可愛《かわい》いからスキンシップをするんだ。許してあげて」

と。その後も彼女はベッドにもぐりこんできた父に胸や性器を触られたが、誰にも言えなくなった。

四国のある少女は、小学生の頃から父親とふたり暮らしで、初潮を迎える前から浴室で父親に性器をいじられていた。中学生になると父にレイプされるようになったが、親族に頼んでも高校に行かせてもらえず、成人までに2度も父の子どもを中絶した。

東北地方のある少年は、6歳の頃に母親に裸にされ、深夜から朝まで寒空の下に放置された。悪寒が走っても病院に連れて行ってもらえず、おもらしのたびに食事抜き。高校生になって精神科に通うと、うつ病と診断された。

九州のある少年は、幼稚園の頃に父親の性器を口に入れられて人間不信になり、大学進学で家を出るまで友人がひとりもできず、場面緘黙症《かんもくしょう》になった。

沖縄のある少女は、物心つく頃には父親が母親を日常的に殴り、蹴る姿を見た。それに耐えきれず、中卒後に家出したが、警察に補導され、今は自宅でひとり手首を傷つける毎日だ。

以上の事例は、子どもの周囲の人人に認知されていた。だが、どれも通報されることはなかった。虐待の現実は、なかなか表に出てこないのだ（さらに多くの事例を知りたい方は、『日本一醜い親への手紙 そんな親なら捨てちゃえば？』という本を読んで、周囲の人に勧めてほしい）。

虐待《ぎゃくたい》の定義《ていぎ》
さっき虐待《ぎゃくたい》の定義《ていぎ》って言ってましたけど
虐待《ぎゃくたい》には定義《ていぎ》があるんですか？
うん
平成12年（2000年）に児童虐待防止法《ぎゃくたいぼうしほう》※という法律《ほうりつ》が成立して施行《しこう》されたんだ
4
そこで認《みと》めてる虐待《ぎゃくたい》は次の4つです

※正式名称は「児童虐待の防止等に関する法律」

1. 身体的虐待《ぎゃくたい》

● 子どもの身体を
傷《きず》つける
あるいは傷《きず》つくような
暴行《ぼうこう》を加えること

● 殴《なぐ》る　蹴《け》る
ケガをさせる
傷害事件《しょうがいじけん》になるもの

服で隠《かく》れるところしか
殴《なぐ》らない人もいる

● 水風呂《ぶろ》や熱湯の風呂《ふろ》
に沈《しず》める　かける

● わざとやけどする
ように仕向ける

● 刃物《はもの》を子どもの体に
近づけて脅《おど》す

● 健康被害《ひがい》のあるものを
飲み込ませる

● 戸外に裸《はだか》で出す

など

2. 心理的虐待《ぎゃくたい》

- 「死ね」「生きてる価値《かち》がない」など暴力的《ぼうりょく》な言葉を言う
- 大声で怒鳴《どな》る

- 恐《おそ》ろしい目で睨《にら》みつける
- ものを壊《こわ》して怖《こわ》がらせる
- 子どもを無視《むし》・拒否《きょひ》をする

など

兄弟姉妹間で愛情《あいじょう》差別する

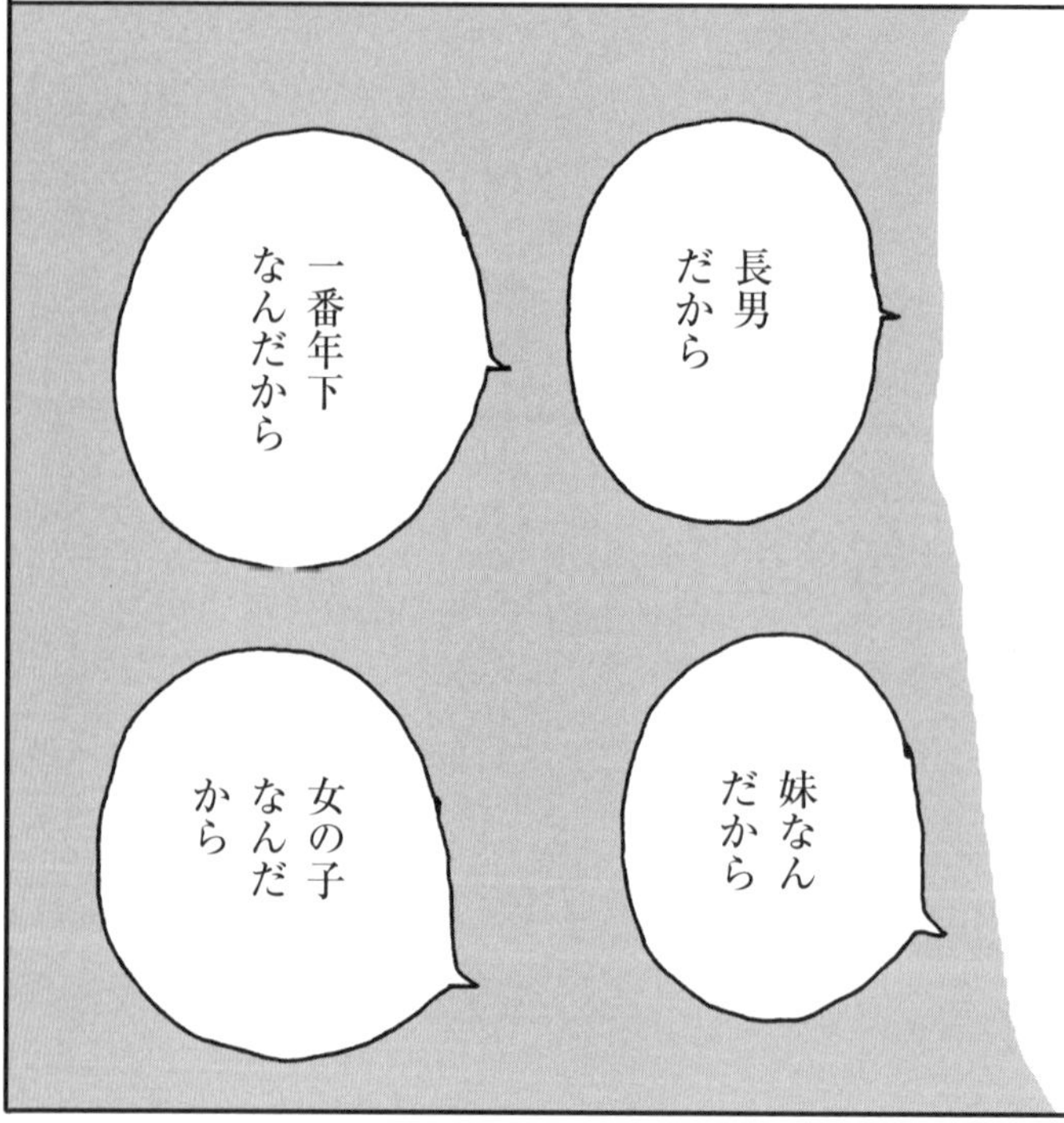
長男だから
一番年下なんだから
妹なんだから
女の子なんだから

平成16年（2004年）に
児童虐待《ぎゃくたい》防止法《ぼうしほう》が改正され
父母間（内縁《ないえん》の夫婦《ふうふ》も含《ふく》む）の暴力《ぼうりょく》を子どもが見たり聞いたりすることも虐待《ぎゃくたい》と認《みと》められた
面前DVと言います
夫婦《ふうふ》のケンカも子どものいるところでやると虐待《ぎゃくたい》
これは近所にわかりやすいので通報《つうほう》が増《ふ》えた
心理的虐待《ぎゃくたい》は恐怖《きょうふ》と不安で精神的《せいしんてき》に子どもを支配《しはい》や管理すること
あくまでも統計上《とうけいじょう》は4つのうち一番多いのがコレ

3. ネグレクト

子どもの心身の
正常《せいじょう》な発達を
妨《さまた》げてしまう行為《こうい》
をすること

● 食事を与《あた》えない

● 子どもを長時間
放置する

● 病気 ケガをしても
病院に行かせない

● 子どもへの虐待《ぎゃくたい》を
見て見ぬふりして
放置する

4. 性的虐待《せいてきぎゃくたい》

男の子にも

女の子にも

両方起きる

- 直接《ちょくせつ》 親や家族が子どもに対して性行為《せいこうい》する（監護者性交等罪《かんごしゃせいこうとうざい》では懲役刑《ちょうえきけい》も）
- 変態行為《へんたいこうい》 性器《せいき》を露出《ろしゅつ》して見せる
- 夫婦《ふうふ》の性行為《せいこうい》を見せる
- ポルノ雑誌《ざっし》を見せる
- 子どもが未成年なのに風俗《ふうぞく》やAVで働かせる
- 売春・援助交際《えんじょこうさい》をさせる

性的虐待《せいてきぎゃくたい》は4つの中で一番被害《ひがい》が少ないという統計《とうけい》が出てる
怒
でもボクに相談する子たちの話を聞いたら4つのタイプのうち3割《わり》は性的虐待《せいてきぎゃくたい》だった
どうして少ない統計《とうけい》が出るかというと
あまりに低い年齢《ねんれい》だと何をされてるかわからない
子どもが成長とともに性《せい》の意味を知っていくと恥《は》ずかしくて誰《だれ》にも言えない
発覚しにくい
中高生になって親が逮捕《たいほ》されると進学や生活ができなくなる不安が高じ被害《ひがい》を言い出しにくくなるんだ

あまりにも恐怖《きょうふ》な体験をすると人はこのような症状《しょうじょう》で自分を守る

心を守るために特定の記憶《きおく》を思い出せなくなる（健忘《けんぼう》）

自分の感情《かんじょう》を感じられなくなる（離人感《りじんかん》）

夢《ゆめ》の中にいるように感じる（解離《かいり》）

こういうことが被害《ひがい》をはっきり認知《にんち》することを難《むずか》しくさせてる

子どもの頃《ころ》にわけがわからず受けた被害《ひがい》は大人になってから精神疾患《せいしんしっかん》として現《あらわ》れることがある

大人になっても苦しんでる人がいます

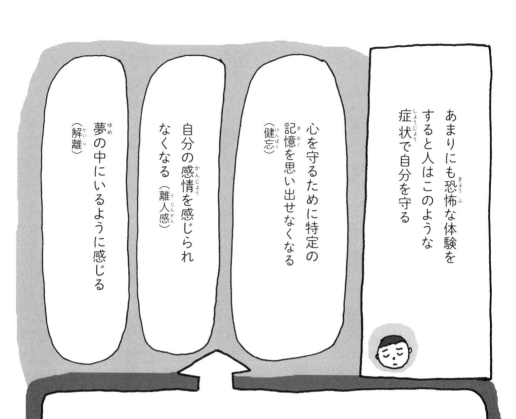

以上の4つが児童虐待防止法《ぎゃくたいぼうしほう》が定義《ていぎ》してる
子どもの虐待《ぎゃくたい》の内容《ないよう》です
なんか私《わたし》の場合は
一番心理的虐待《ぎゃくたい》を受けてたのかなって思います
時々親にぶたれることはあったけど
主に母親父からはない
あ今の怒《おこ》ったはずみでぶったなって感じのだったし
でも不安にさせられることはいつも言われてた気がします

うん そりゃそうだよっ
ボクらの子ども時代は
虐待《ぎゃくたい》の定義《ていぎ》はなかったし
子どもは親の言いなりに生きるしかなかったじゃない
ボクだっていろいろうけてた
今さんもそうだったんですね
親が自分勝手に子どもに対して理不尽《りふじん》なことしてますよ
だから そういうこと やめましょう
そんなふうに言われるようになったのは最近のことだもの
ボクたちの子ども時代の親なんてやりたい放題だよ
ハイ

児童虐待《ぎゃくたい》防《ぼう》止《し》法《ほう》に書かれていない虐待《ぎゃくたい》
その他にもね
コレだって虐待《ぎゃくたい》だよね？
というのがいくつかあるのよ
てんてんさん自分が貯《た》めてたお年玉を親に使われちゃったことってない？
えーとないと思います
でも実際《じっさい》に勝手に使われちゃったらどーする？
そりゃ怒《おこ》ります
でしょ？

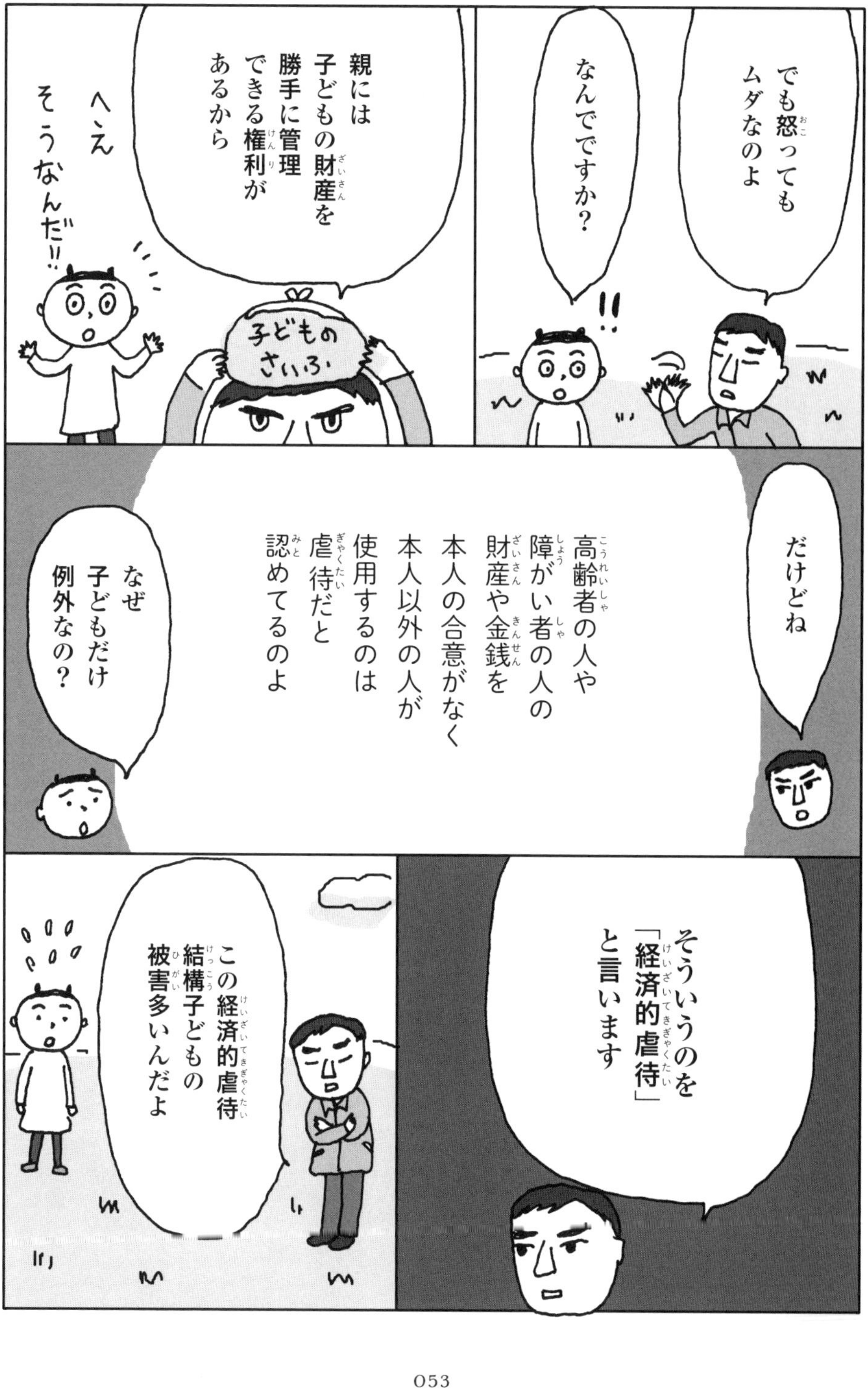
でも怒《おこ》っても ムダなのよ
なんでですか？
!!
親には 子どもの財産《ざいさん》を 勝手に管理 できる権利《けんり》が あるから
子どもの さいふ
へえ そうなんだ!!
だけどね
高齢者《こうれいしゃ》の人や 障《しょう》がい者《しゃ》の人の 財産《ざいさん》や金銭《きんせん》を 本人の合意がなく 本人以外の人が 使用するのは 虐待《ぎゃくたい》だと 認《みと》めてるのよ
なぜ 子どもだけ 例外なの？
そういうのを 「経済的虐待《けいざいてきぎゃくたい》」 と言います
この経済的虐待《けいざいてきぎゃくたい》 結構《けっこう》子どもの 被害《ひがい》多いんだよ

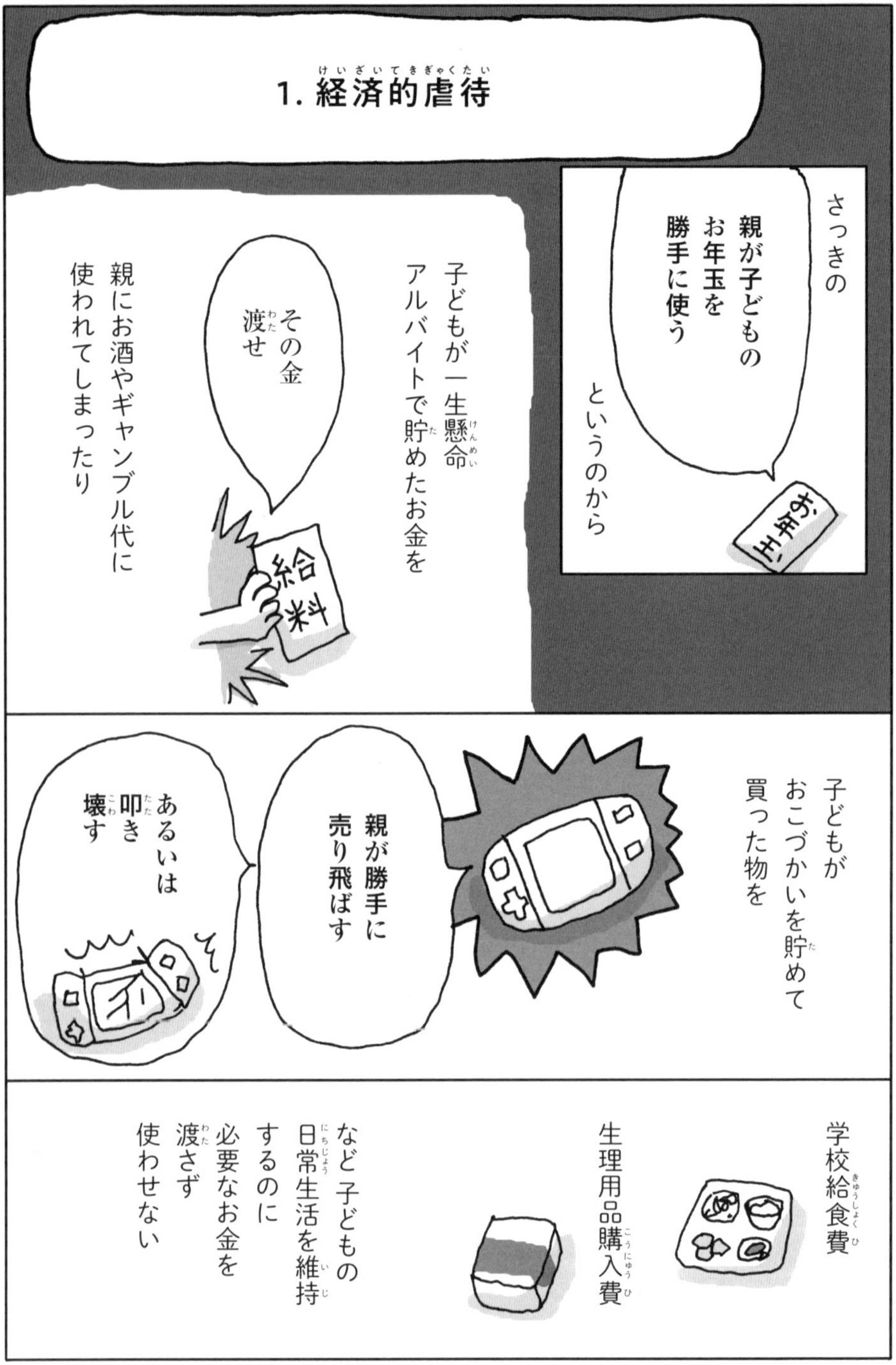
1. 経済的虐待《けいざいてきぎゃくたい》
さっきの
親が子どものお年玉を勝手に使う
というのから
お年玉
子どもが一生懸命《けんめい》アルバイトで貯《た》めたお金を
その金渡《わた》せ
給料
親にお酒やギャンブル代に使われてしまったり
子どもがおこづかいを貯《た》めて買った物を
親が勝手に売り飛ばす
あるいは叩《たた》き壊《こわ》す
学校給食《きゅうしょく》費《ひ》
生理用品購入《こうにゅう》費《ひ》
など 子どもの日常《にちじょう》生活を維持《いじ》するのに必要なお金を渡《わた》さず使わせない

どうして親が
子どもの持ち物を
壊《こわ》してもいいし
お金を勝手に使っても
いいのかというとね
民法第824条《じょう》
親権《しんけん》を行う者は、子の財産《ざいさん》を
管理し、かつ、その財産《ざいさん》に関する
法律行為《ほうりつこうい》についてその子を代表する。
と書かれてるからだよ
未成年には自分のお金や
資産《しさん》を守る権利《けんり》がない
この法律《ほうりつ》は
子どもに資産《しさん》が
ない終戦直後に
作られてる
今はお年玉や
アルバイトしたりして
子どももお金を
持てる時代
古いんだよ
おかしくない？
怒
おかしいです

2. 教育虐待《ぎゃくたい》
次は教育に関する虐待《ぎゃくたい》
平成23年（2011年）に日本子ども虐待《ぎゃくたい》防《ぼう》止《し》学会で「教育虐待《ぎゃくたい》」というコトバが発表されて話題になった
教育虐待《ぎゃくたい》とは
過《か》度《ど》に教育熱心な親による子への虐待《ぎゃくたい》
「教育」だからといって押《お》しつけや過剰《かじょう》なことは虐待《ぎゃくたい》になるってこと
怒
ゆるせんっ

たとえば

お前は女だから
学歴《がくれき》はいらない

と大学に行かせない

子どもを塾《じゅく》などで
スケジュール漬《づ》けにして
細かく管理する

子どもの意志《いし》を無視《むし》して
志望校《しぼうこう》や職業《しょくぎょう》など
親が勝手に決める

よく虐待《ぎゃくたい》は
貧困《ひんこん》だから起きる
と言う人がいるけど
そうじゃない

教育虐待《ぎゃくたい》は
教育投資《とうし》のできる
中流資産層《しさんそう》以上の
家庭で起きる

親にそれなり
の資産《しさん》や所得《しょとく》
がないと
できない

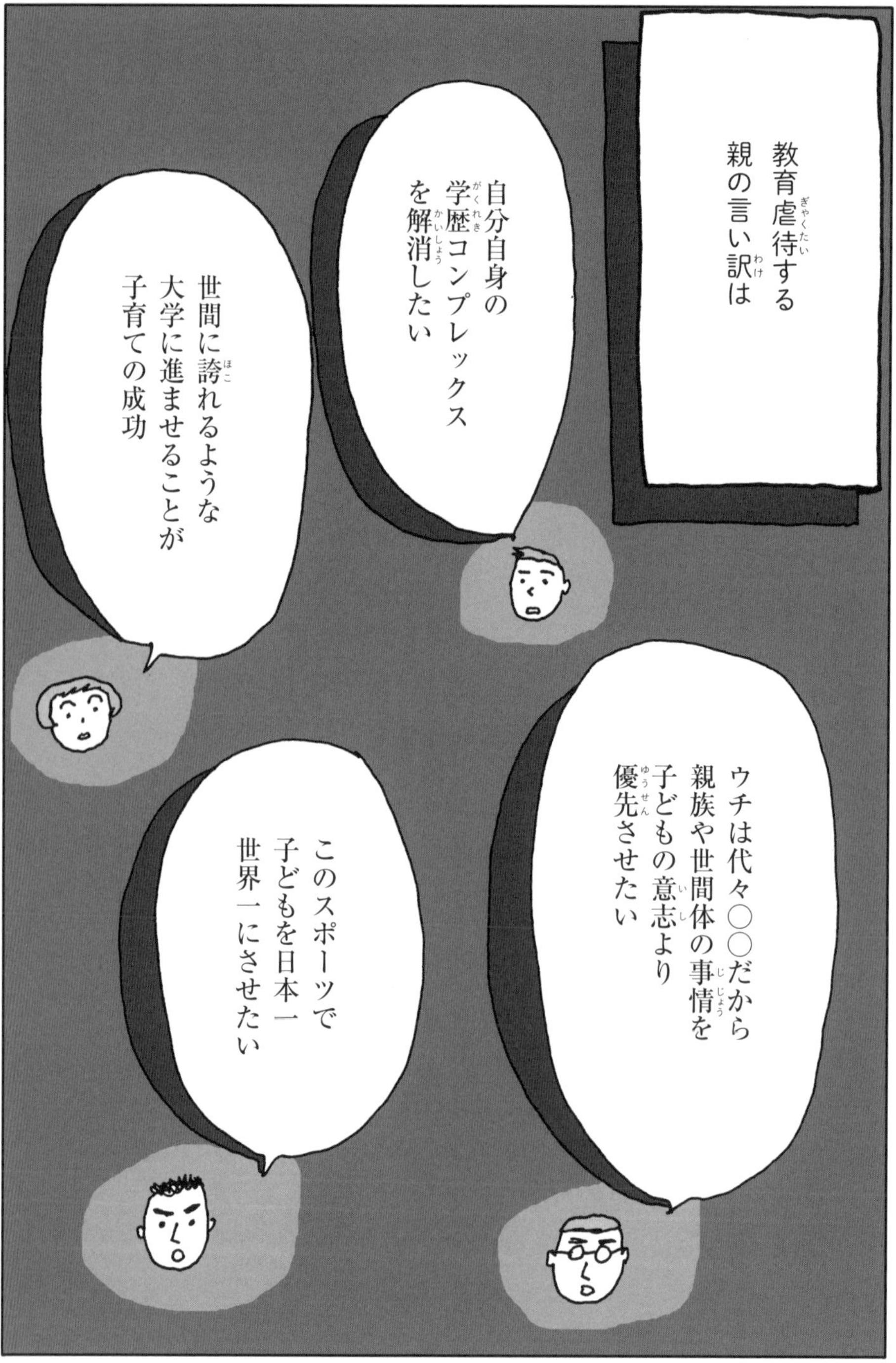
教育虐待《ぎゃくたい》する親の言い訳《わけ》は
自分自身の学歴《がくれき》コンプレックスを解消《かいしょう》したい
世間に誇《ほこ》れるような大学に進ませることが子育ての成功
ウチは代々○○だから親族や世間体の事情《じじょう》を子どもの意志《いし》より優先《ゆうせん》させたい
このスポーツで子どもを日本一世界一にさせたい

世間的には
教育熱心で良い親ね
子どもは勉強が第一だし
と見られがちなので周囲《しゅうい》から子どもを孤立《こりつ》させる
教育虐待《ぎゃくたい》は止められないんですか？
うんムリかも
民法第818条《じょう》
成年に達しない子は、父母の親権《しんけん》に服する。
日本の子どもは法的には親のドレイなんだ
どんな虐待《ぎゃくたい》も「しつけ」や「教育」の延長線上《えんちょうせんじょう》にある
＝
親が「私《わたし》は子どもの将来《しょうらい》のためにやってる」と信じれば家庭の密室《みっしつ》の中で日常的《にちじょうてき》に続いていく

3. 文化的虐待《ぎゃくたい》
子どもが一般常識《いっぱんじょうしき》と
非常識《ひじょうしき》との間に
宙《ちゅう》づりにされ
一般常識
非常識
家庭にも学校にも
居場所《いばしょ》を失ってしまう
こと
宗教《しゅうきょう》2世問題
って聞いたこと
ある?
はい
あります
それが一番
わかりやすいかな
両親は
カルト宗教《しゅうきょう》
団体《だんたい》に
入信してる
だから
カルト宗教《しゅうきょう》の
教え通りに
生活する

子どもは
どうしていいか
わからなくなる
親
友だちを作るな
カルト宗教の教え
家
友だち
先生
みんな仲よく
一般常識
学校
こういう親は
子どもの生命や
自尊心《じそんしん》を守る
ことより
自分の常識《じょうしき》を
優先《ゆうせん》する

他にも

- 親が過激《かげき》な政治《せいじ》思想の持ち主
- 親が学歴《がくれき》・所得《しょとく》・職業《しょくぎょう》性《せい》・国籍《こくせき》などに偏見《へんけん》や差別意識《いしき》を持ってる
- 親が子どもの頃《ころ》に虐待《ぎゃくたい》を受けてきたことを自己認知《じこにんち》できていない

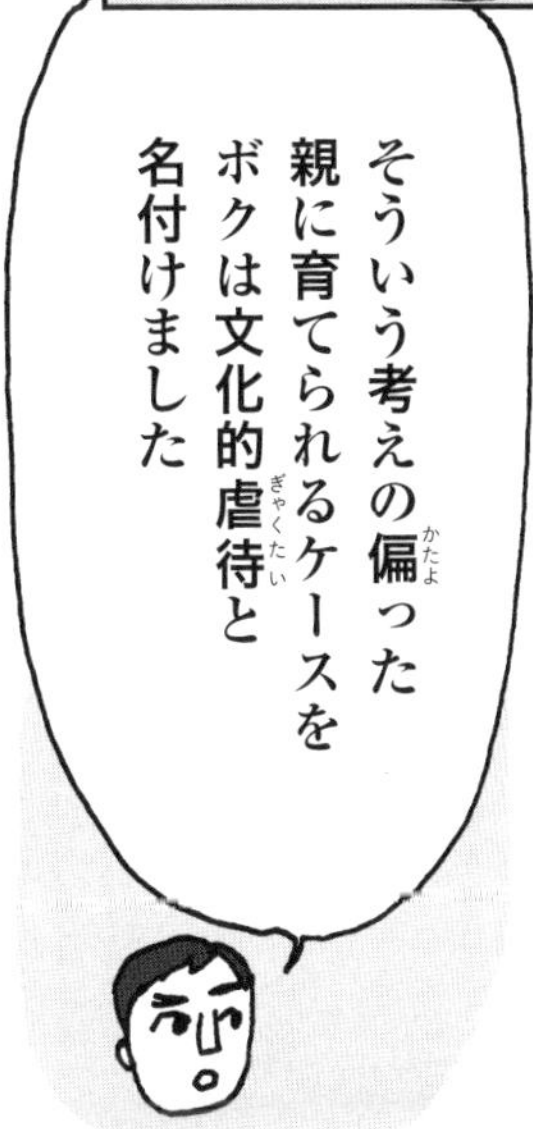
そういう考えの偏《かたよ》った
親に育てられるケースを
ボクは文化的虐待《ぎゃくたい》と
名付けました

4. ヤングケアラー
ヤングケアラーって言葉は？聞いたことある？
なんとなく…
厚労省（こども家庭庁）は
「法令上の定義《ていぎ》はありませんが一般《いっぱん》に本来大人が担《にな》うと想定されている家事や家族の世話などを日常的《にちじょうてき》に行っている子ども」と言ってる
障《しょう》がいや病気のある家族の代わりに家事や仕事の手伝いをする
幼《おさな》いきょうだいの世話をする
障《しょう》がいや病気のある家族の見守りをする

そうすることによって
学校の勉強や部活
友だちとの交流が
できなくなり孤立《こりつ》
世間からも
仕方ないでしょ　家族なんだし
と言われ続け
面倒《めんどう》を見ないことに
罪悪感《ざいあくかん》を植え付けられ
大人になってからも苦しみ続ける
親が亡《な》くなった後でも障《しょう》がいのあるきょうだいの世話を強《し》いられると
仕事や恋愛《れんあい》結婚《けっこん》などがしにくいよね

ルポ

子ども虐待《ぎゃくたい》

記者・今一生

VOL. 4

児童虐待防止法

専門家任せの防止法は、30年以上も失敗

現在の『児童虐待の防止等に関する法律』（略称：児童虐待防止法）は、深刻化する児童虐待の予防と対応策のため、2000年に制定され、その後、さまざまな改正が試みられてきた。2019年には、しつけとしての体罰を親に禁じることなどが盛り込まれたが、この改正の附則には次の文章が明記された。

「政府は、この法律の施行後1年を目途として、この法律の施行の状況等を勘案し、児童の福祉に関し専門的な知識及び技術を必要とする支援を行う者についての資格の在り方その他当該者についての必要な資質の向上を図るための方策について検討を加え、その結果に基づいて必要な措置を講ずるものとする」

その法的根拠に基づき、厚労省の官僚は「社会的養育専門委員会」の下にワーキンググループを設置し、そのメンバーに、児童福祉を専門とする大学教授や自治体の福祉現場で働く職員、虐待防止の啓発活動をするNPOの職員を選んだ。

「虐待に関する知識は豊かにあるが、被害の痛みは知らない2次情報の専門家」だけが招かれたのだ。虐待の1次情報として痛みと現実に苦しんできた加害・被害の当事者は1人も招かれず、その結果、虐待相談の件

数は２０２０年以降も増え続けた。

他方、山田太郎・自見はなこの両議員が自民党の若手議員に呼びかけ、２０２1年から続けてきた「Children Firstの子ども行政のあり方勉強会」は、こども庁を提案し、２０２３年に「こども家庭庁」として実現させた。この勉強会は、親から虐待されて育った人や、いじめ自殺で子どもを失った自死遺族など、苦しんできた当事者を招いた。

専門家に任せても、30年以上も虐待を減らせなかった以上、有効な防止策を作るには、ワーキンググループに当事者を入れる必要がある。現行の児童虐待防止法の内容は、専門家だけで改正してきたため、被虐待児にとって救われにくい内容のままだからだ。

児童虐待防止法の問題点

児童虐待防止法には、運用上、さまざまな問題点がある。専門家が次のような現状を知っている上で改正に取り組んできたのなら、官僚はあまりにも愚かな人たちを選んできたことになる。

- 「何が虐待か」を教える機会を学校に作らせないため、子どもの被害の自覚が促されない
- 発達年齢や障がい、留学生など、虐待を自己認知しにくい子どもへのケアもない
- 虐待対応ダイヤル１８９の利用率は極めて低く、隣人を密告する制度は国民の支持を得にくい

（※1）東京新宿・歌舞伎町のTOHOシネマズ横の通路に溜まる若者たちのコミュニティおよびそのエリアを指す言葉。そこに入り浸る少年少女たちは「トー横キッズ」と呼ばれる。
（※2）大阪難波・道頓堀の戎橋の下（グリコの看板下）に集まる若者たちのコミュニティおよびそのエリアを指す言葉。

ルポ
子ども虐待

- 子どもは勇気をふりしぼらないと相談できず、頼れる相手もなく、発覚されにくい
- 被害を自覚すると、「愛されていない」と認めるのも苦しいため、誰にも言えない
- 虐待発覚で親が逮捕されると、その後の生活や進学が不安になり、言い出せない
- 性的虐待は思春期の子にとって相談しにくく、妊娠・中絶はなおさら言えない
- 児相に相談してもほぼ保護を断られるため、家出の方が虐待されにくいと学習する
- 親族・友人の家に避難しても、彼らが逮捕されるおそれがあるため、大人不信に
- 社会的養護でも再び虐待されるおそれがあるため、保護されることを怖がる
- 虐待を相談された教員は職員会議にかけるので、子どもは校内の噂《うわさ》をおそれて隠す
- 被虐待児の多くは家出できず、自殺を選んだり、精神病と闘うだけで精一杯
- トー横（※1）やグリ下（※2）などの路上で仲間を見つけたくても、警察に排除・分断されてしまう
- さんざん虐待された後の対策ばかりで、虐待されないための方策が改正法にない
- 教育虐待・経済的虐待・ヤングケアラーの強制・宗教虐待の被害は保護されない

第2章

なぜ子ども虐待《ぎゃくたい》はなくならないの？

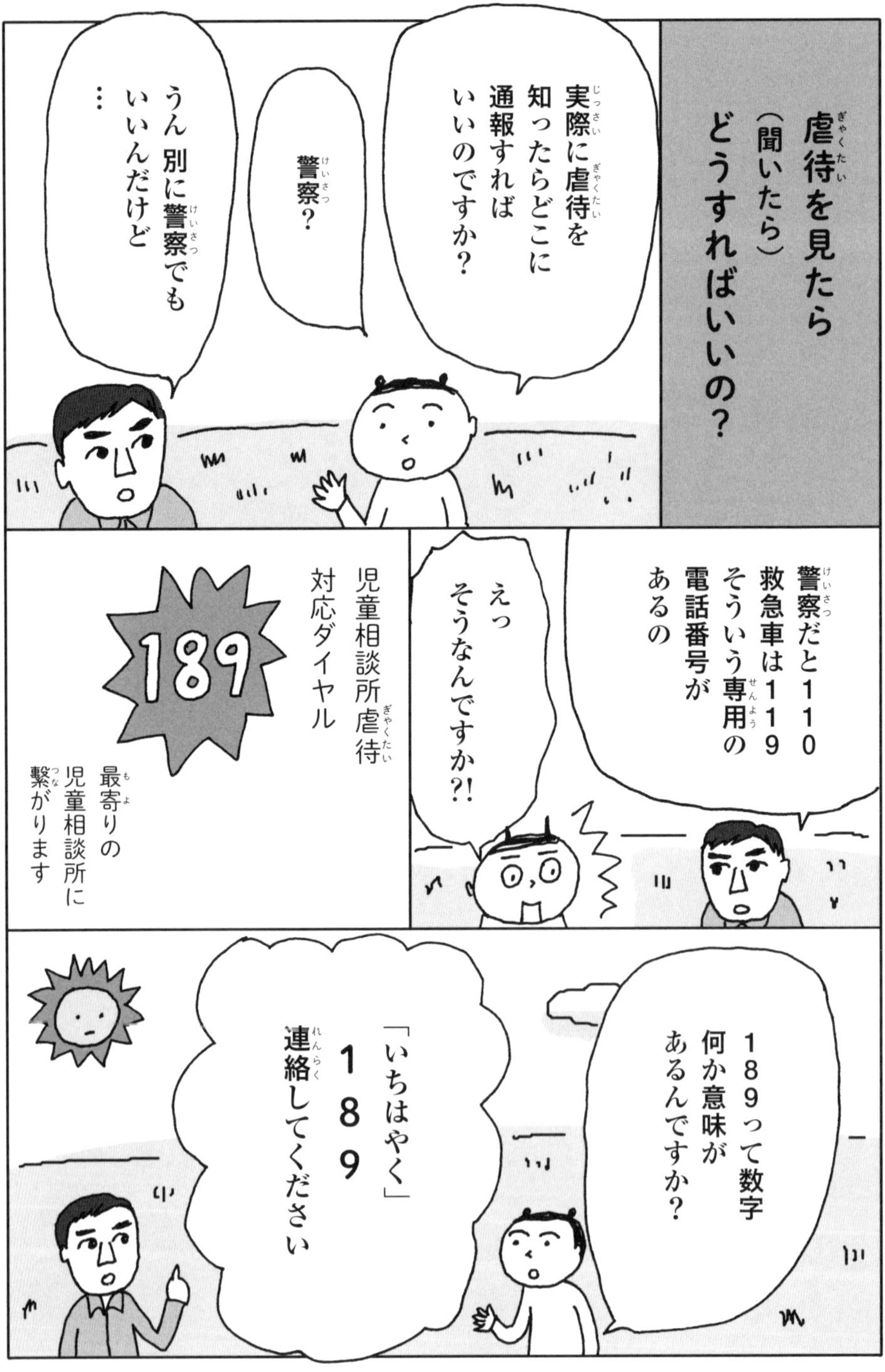
虐待《ぎゃくたい》を見たら（聞いたら）どうすればいいの？
実際《じっさい》に虐待《ぎゃくたい》を知ったらどこに通報すればいいのですか？
警察《けいさつ》？
うん 別に警察《けいさつ》でもいいんだけど…
警察《けいさつ》だと110 救急車は119 そういう専用《せんよう》の電話番号があるの
えっ そうなんですか?!
189
児童相談所虐待《ぎゃくたい》対応ダイヤル
最寄《もよ》りの児童相談所に繋《つな》がります
189って数字何か意味があるんですか？
「いちはやく」189 連絡《れんらく》してください

11月が児童虐待防止《ぎゃくたいぼうし》推進《すいしん》月間でオレンジリボン運動っていうのやってる
オレンジリボン!!
民間の人たちと連携《れんけい》して広報啓発《こうほうけいはつ》活動をしてる
全然知らなかった
ほとんどの人が知らないんですよ
大人が知らないのは広報《こうほう》活動できてないからなんだけど
学校でなんで子どもに教えないの？って思う
189って子どもも通報《つうほう》していいんですか？
当然です
虐待《ぎゃくたい》を見つけた大人がかけてもいいし
虐待《ぎゃくたい》をされてる本人がかけてもいい

子どもにこそ189を教えるべき
それかスマホをポチってやったらそのまま児童相談所につながるアプリを作ればいい
あの基本的《きほんてき》なことを聞いていいですか?
どうぞ
児童相談所は何をするところなんでしょう?
や 知らなくて当然だよ
児童相談所 略《りゃく》して児相とか呼《よ》ばれるけど
子どもに対しては保護《ほご》するところ
親に対しては子育て支援《しえん》をするところ
親と子 両方を助ける場所です

親に対して
初めての子で不安でイライラして叩《たた》きそうでコワイ
児相のカウンセリング機能《きのう》で
叩《たた》かないでいいやり方を教えたり心をほぐしてくれる
子どもに対して
189電話
A子ちゃんが虐待《ぎゃくたい》されてます
児相
一緒《いっしょ》に連れてきてください
保護《ほご》される
これが通常《つうじょう》パターンなんだけど現実《げんじつ》はなかなか保護《ほご》されない
どうして?
今一部の児童相談所の一時保護所《ほごじょ》は定員オーバーなんです
なので虐待《ぎゃくたい》相談の8割《わり》以上は保護《ほご》されません
だから児相に連絡《れんらく》したらすぐに子どもが保護《ほご》されてとられちゃうっていうのは違《ちが》います
実際《じっさい》はほとんどが帰されてます

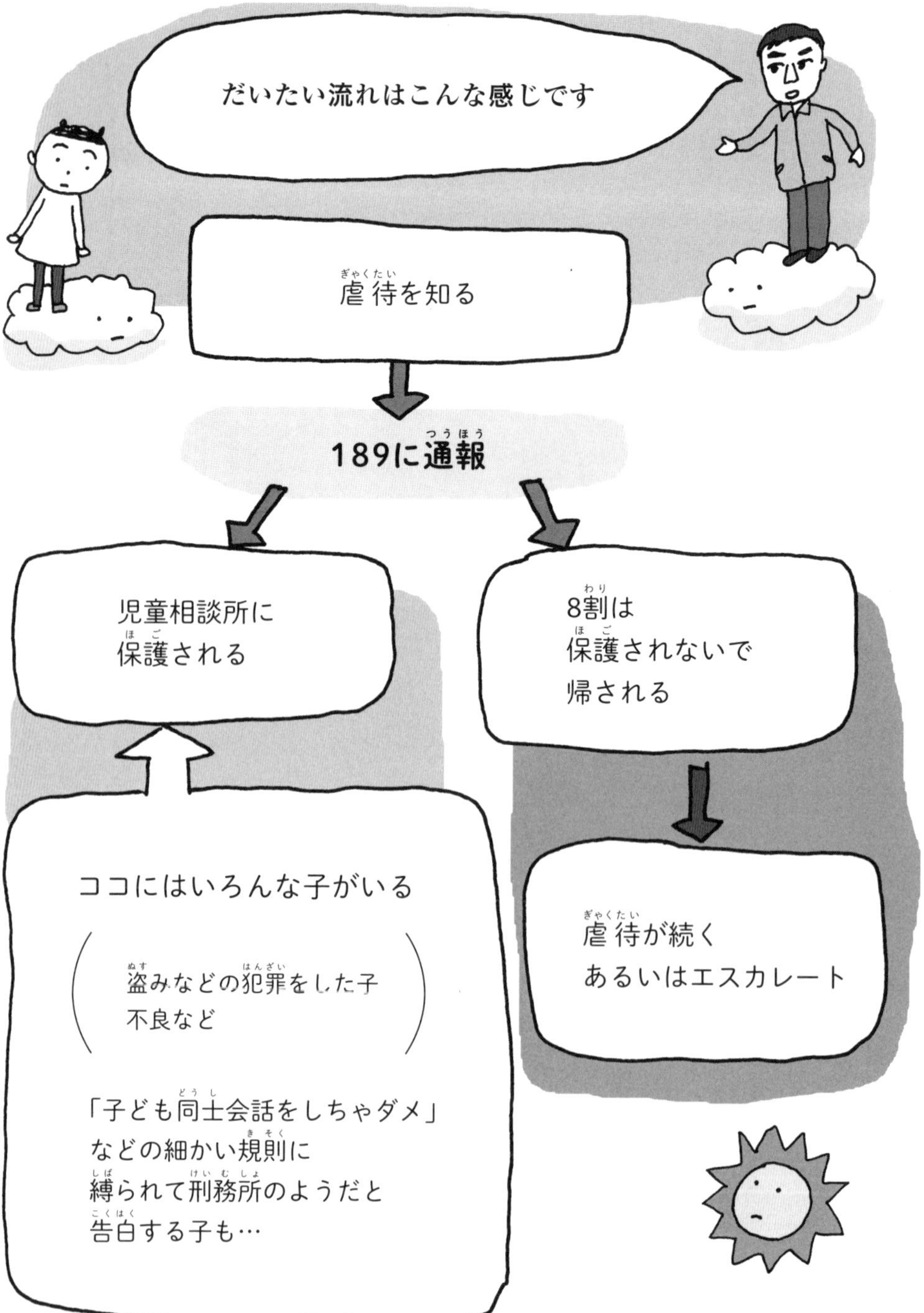
だいたい流れはこんな感じです
虐待《ぎゃくたい》を知る
189に通報《つうほう》
児童相談所に
保護《ほご》される
8割《わり》は
保護《ほご》されないで
帰される
ココにはいろんな子がいる
（盗《ぬす》みなどの犯罪《はんざい》をした子
不良など）
「子ども同士《どうし》会話をしちゃダメ」
などの細かい規則《きそく》に
縛《しば》られて刑務所《けいむしょ》のようだと
告白《こくはく》する子も…
虐待《ぎゃくたい》が続く
あるいはエスカレート

児童相談所に保護《ほご》された子はその後どうなる？

里親などに引き取られて育つ

養護施設《ようごしせつ》で育つ

里親制度《せいど》

- 半年以上の研修《けんしゅう》を受ける
- 両親が揃《そろ》ってる
- ある程度《ていど》お金がある
- 子育て経験《けいけん》がある

いろんな条件《じょうけん》が揃《そろ》わないと里親にはなれない

コレがないという理由で同性《どうせい》カップルは×

（日本では大阪市が2016年に全国で初めて同性《どうせい》カップルを里親に認定《にんてい》したけど 多くの自治体では今でも断《ことわ》られる現実《げんじつ》も）

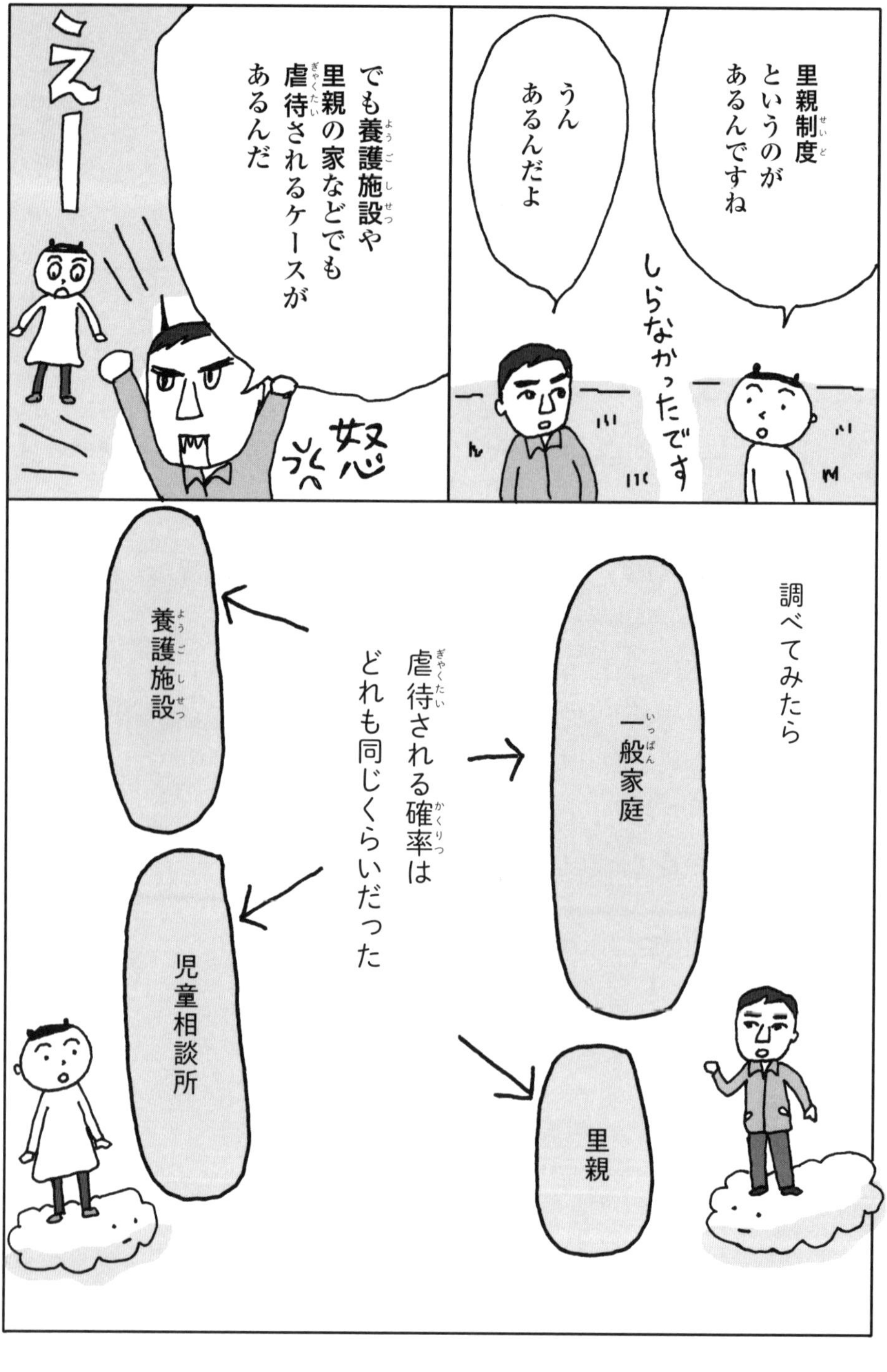
里親制度《せいど》というのがあるんですね
しらなかったです
うん あるんだよ
でも養護施設《ようごしせつ》や里親の家などでも虐待《ぎゃくたい》されるケースがあるんだ
えー
怒
調べてみたら
虐待《ぎゃくたい》される確率《かくりつ》はどれも同じくらいだった
一般《いっぱん》家庭
里親
養護《ようご》施設《しせつ》
児童相談所

今のところ虐待《ぎゃくたい》そのものを止める法律《ほうりつ》はないのよ
えっでもさっき法律《ほうりつ》があるって…
児童虐待《ぎゃくたい》防止法《ぼうしほう》は虐待《ぎゃくたい》を防止《ぼうし》する法律《ほうりつ》じゃないのよ
虐待《ぎゃくたい》されたので電話をしました
コレが児童虐待《ぎゃくたい》防止法《ぼうしほう》
わかりました相談に乗りますよ
役所
相談できない人は救《すく》われない相談してもほぼ保護《ほご》されない
だからまた虐待《ぎゃくたい》は別のところでも繰《く》り返されてしまうんだよね

ルポ

子ども虐待《ぎゃくたい》

記者・今一生

VOL. 5

児童相談所

児童相談所は機能不全

児童相談所は、児童（＝満18歳に満たない者）とその家庭に関する問題について、児童およびその保護者に対し、相談・援助・一時保護・指導などを行う専門機関。児童福祉法に基づき、各都道府県・指定都市に必ず1つ以上が設置されている。

児相の業務における主な目的は、市町村と適切な役割分担・連携を図りつつ、子どもが有する問題または子どもの真のニーズ、子どもの置かれた環境の状況などを的確に捉え、個々の子どもや家庭に最も効果的な援助を行うことで、子どもの福祉を図るとともに、その権利を擁護することだ。

もっとも、年間20万件以上に急増してきた虐待相談に対して、対応する職員や施設は慢性的に不足気味。このため、付設されている一時保護施設の約3割が既に定員オーバーで子どもを詰め込んでおり、子ども関係予算の倍増と民間への事業委託の拡充が深刻な緊急課題になっている。

これは、虐待を予防する法律がないに等しく、虐待後の対応しかしないからだ。その結果、ハコモノ（※）新設の予算を調達できない一部の自治体では、児相を新設しない方針を決定している。

（※）国や自治体などが建てる公共施設のこと。箱物とも表記される。また、その建設に重点を置く国や地方自治体の政策を批判めいてハコモノ行政とも呼ぶ。

児童相談所の問題点

関東のある自治体の児童相談所で、コロナ禍以降、生まれたての赤ちゃんが保護された。乳児院に入れたくても定員オーバーで受け付けてもらえず、生まれた時の産院に戻そうとしたが、コロナ感染が懸念されて受け入れが拒否された。そのため、児相の職員が自分の家に引き取って、一時的に面倒を見ることになった。

ハコモノ行政の限界を示す一例だが、児相は他にも多くの課題を抱えている。

- 職員の8割以上が10年以内に辞めてしまい、ベテランの職員が根付かない
- 保護を求める子に「親や教師などの大人と一緒に来て」と門前払いする対応もある
- 虐待の急増で養護施設や里親が足りず、一時保護の期間が年々長くなっている
- 保護施設での学習支援がずさんで、帰宅後に授業についていけなくなる場合も
- 専門知識を持つ人材に頼りすぎて、民間人が子どもを保護しにくい法の壁がある
- 保護施設に入れない被虐待児を、非行少年の指導施設に送る事例も珍しくない
- 保護施設では子どもどうしのいじめや職員による虐待もあり、脱走する子もいる
- 児童どうしの私語禁止や庭を走らせる罰などがあり、「刑務所みたい」と言う子も

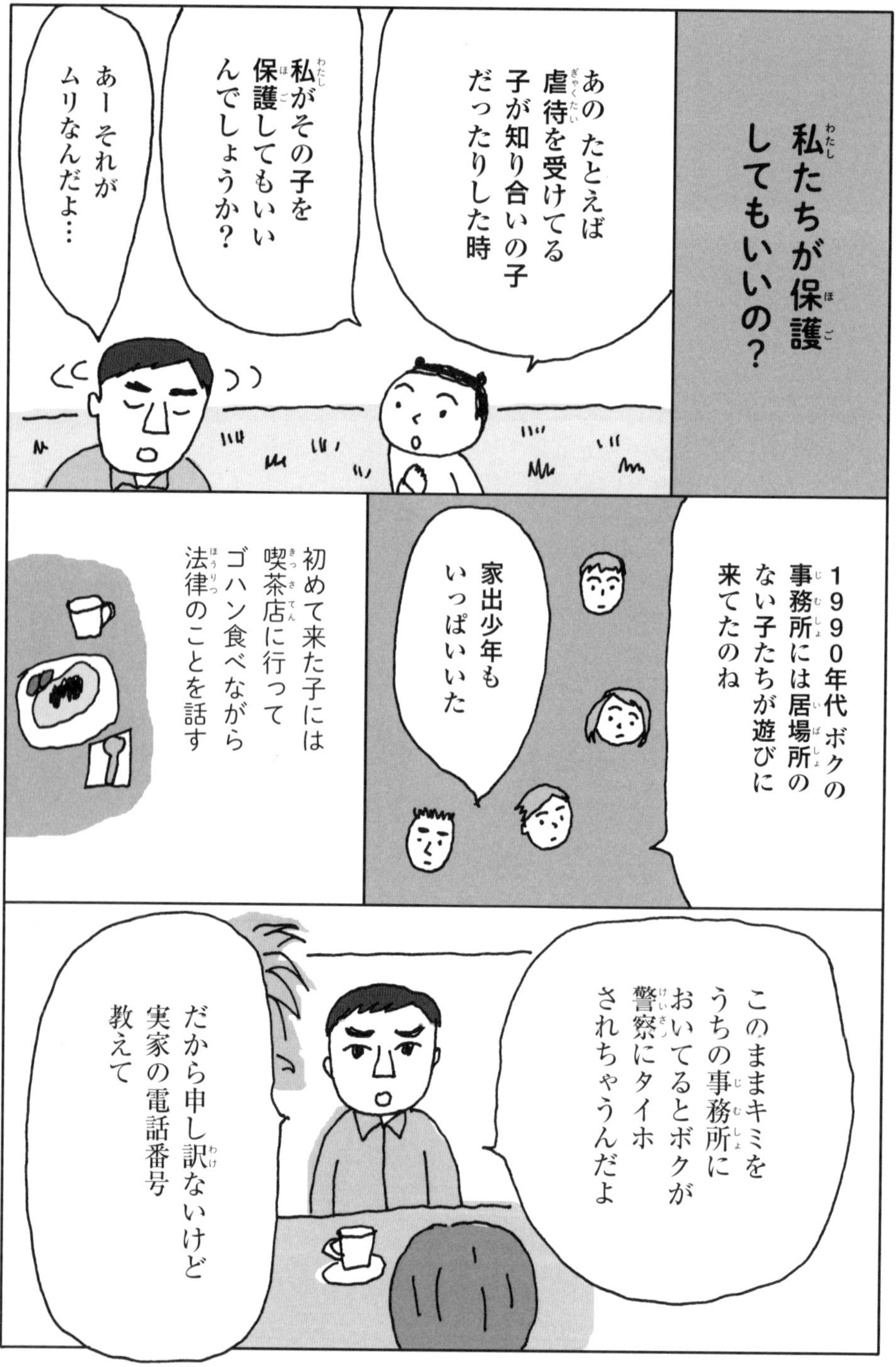
私《わたし》たちが保護《ほご》してもいいの？
あの たとえば 虐待《ぎゃくたい》を受けてる 子が知り合いの子 だったりした時
私《わたし》がその子を 保護《ほご》してもいい んでしょうか？
あー それが ムリなんだよ…
1990年代 ボクの 事務所《じむしょ》には居場所《いばしょ》の ない子たちが遊びに 来てたのね
家出少年も いっぱいいた
初めて来た子には 喫茶店《きっさてん》に行って ゴハン食べながら 法律《ほうりつ》のことを話す
このままキミを うちの事務所《じむしょ》に おいてるとボクが 警察《けいさつ》にタイホ されちゃうんだよ
だから申し訳《わけ》ないけど 実家の電話番号 教えて

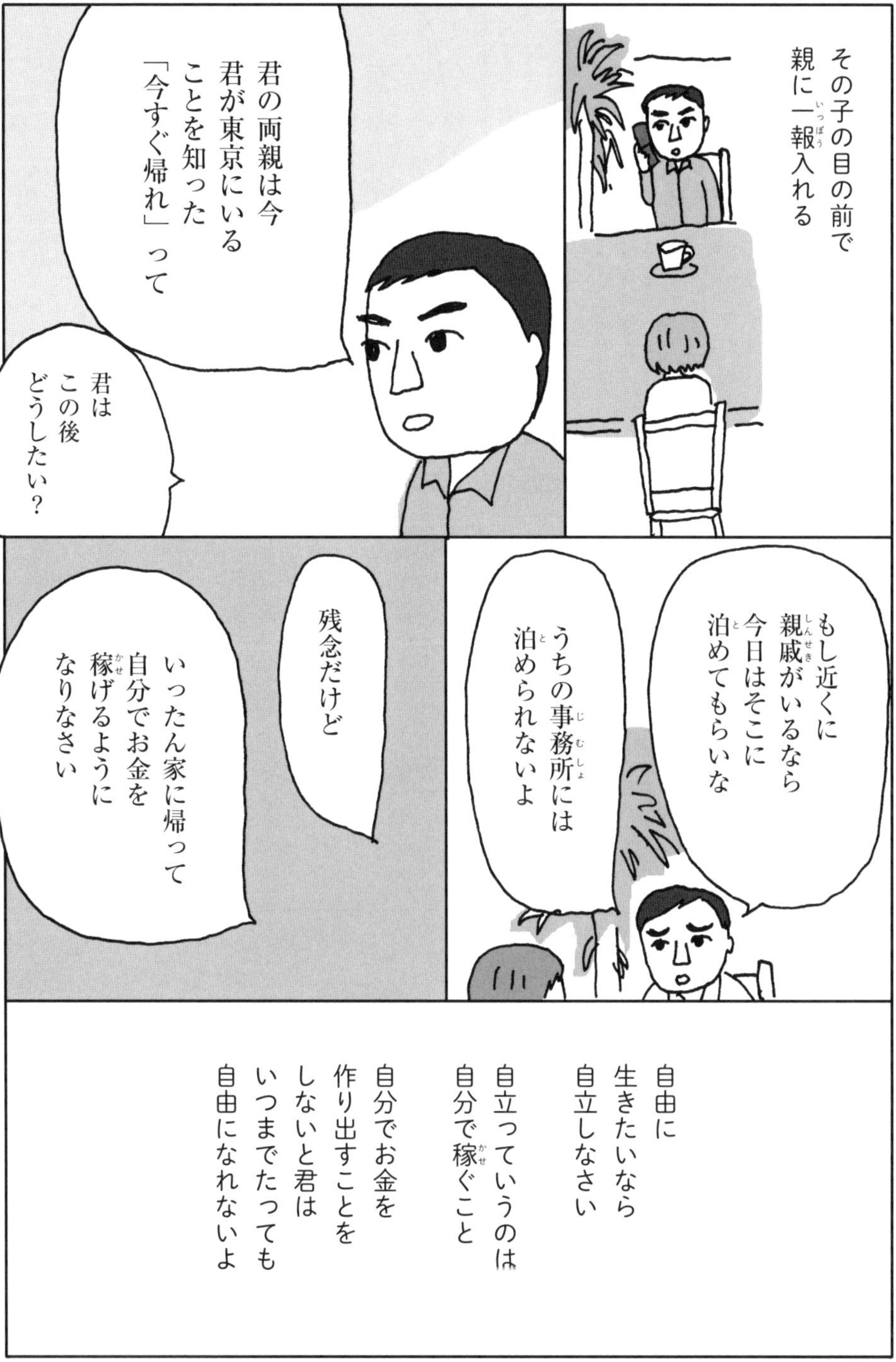
その子の目の前で親に一報《いっぽう》入れる
君の両親は今君が東京にいることを知った「今すぐ帰れ」って
君はこの後どうしたい？
もし近くに親戚《しんせき》がいるなら今日はそこに泊《と》めてもらいな
うちの事務所《じむしょ》には泊《と》められないよ
残念だけど
いったん家に帰って自分でお金を稼《かせ》げるようになりなさい
自由に生きたいなら自立しなさい
自立っていうのは自分で稼《かせ》ぐこと
自分でお金を作り出すことをしないと君はいつまでたっても自由になれないよ

そっか その子を 勝手に保護《ほご》するとタイホ されちゃうんですね
うん 法律《ほうりつ》では そうなってる
未成年は親の許可《きょか》 なしに居場所《いばしょ》を 決めてはいけないから
ちゃんと どこにいるか 親に知らせ なくちゃ いけない
そうしないと ボクは 誘拐犯《ゆうかいはん》に なってしまう
そーなんですね
ボクが子どもたちに できることは
自立しなさいって 言うことくらい なんだよ

でも
自立できたら
自由になれるでしょ
ボクは
小さい頃《ころ》から
子どもに
おこづかい帳を
つけさせた方が
いいと思う
おこづかい
そして
小学校5・6年
くらいから
1000
1000
1000
10
100
500
生活するのに
どれくらいお金が
必要なのかを
教える
そしたら
その金額《きんがく》を
稼《かせ》ぐために
どうしたらいいか
考えられるでしょ
自分が自由に
なるためには
何をしたらいいか
そういうことを
たくさん教えたい

※東京都精神医学総合研究所（現・東京都医学総合研究所）統合失調症研究チーム・西田淳志氏の論文「思春期・青年期の『いじめ』に影響を与える家庭関連要因の検討」（『発達研究』、2010年、発達科学研究教育センター）より

わぁ全部
違《ちが》うところが
管轄《かんかつ》なんですね
ややこしいでしょ
ハイ
とても!!
今の日本
子どもに関する
問題は
またがる省庁《しょうちょう》が
あまりにも多くて
怒
なんだそりゃっ
責任《せきにん》が
はっきりできなく
なってるの!!
だから責任者《せきにんしゃ》を
一本化するために
「こども家庭庁《かていちょう》」って
いうのを作ることに
なったんだよ
おこってばかりで
つかれるよ
こども家庭庁《かていちょう》
うまくいくと
いいですね

ルポ

子ども虐待《ぎゃくたい》

記者・今一生

VOL. 6

子どもの経済的自立の大切さ

虐待回避につながる経済的自立

子どもの権利侵害こそ子ども虐待の本質だが、官僚が有識者会議に招いた児童福祉の専門家は、子どもの権利を守れる仕組みを国に対して強く提案してこなかった。

２０２３年時点でも、学校で「虐待とは何か」を学ぶ権利を子どもに与えず、教科の学業成績が低い子どもに学歴・学力とは関係なく稼げる方法も教えない。しかも、未成年でも裁判ができる権利も教えなければ、虐待親から避難するための経済的自立の方法を教える機会すら作らなかった。

その結果、親に虐待されるために家にいられない中高生は、自分の心身の安全を確保するため、なるだけ家の外にいられるよう、ホテル代や食費などをパパ活（売春）やクスリの転売などの違法行為で調達せざるを得ない。

被虐待児は自己評価を低められているため、「親に愛されない私は体を売るぐらいしか価値がない」と考えてしまう事情もある。しかし、民法上、アルバイトをしたくても親権者の許可なしには雇われない未成年にとって、雇われる以外のまともな稼ぎ方を学べないのは致命的だ。

かといって、虐待を通報して親が逮捕されると、子どもは自分の生活や進路がどうなるかと不安になる。それなら、通報するより家の外へ自主避難する方が、自分と同じ居場所のない同世代に出会えて、気がまぎれる。だから、トー横やグリ下などに深夜に集まる子どももいる。

経済的自立の方法を学ぶ機会を奪えば、子どもは親の人質と同じ。

だから、自分で自分の仕事を作ること（＝起業）を試みる10代は、21世紀に入ってから急増した。

２０００年代では、好きなゲームの情報集積サイトを作って広告費で稼いだり、同世代の女子高生から趣味・趣向を尋ねる市場調査を企業に売る高校生が現れた。２０１０年代では自分で考えたゲームを出版社に売り込んだり、ゲームのレアアイテムを集めてネットで売る中学生も現れた。

最近では、自宅に小学生を集めて学習塾を開いたり、自分の描いた絵をネット空間で売る小学生も現れた。実際、足腰が立たない高齢者の御用聞きや、スマホやパソコンを大人に教えるなど、子どもでも容易にできる小商いは多様にある。

未成年の商取引を免税にすれば、自分で学ぶ子はさらに増えるだろう。

虐待《ぎゃくたい》の文化的背景《はいけい》
あの…すごく疑問《ぎもん》なんですけど
なんでもどうぞ
どうして助ける側の施設《しせつ》の人や里親が虐待《ぎゃくたい》をしてしまうのですか？
だよねぇ
ウンウン
フシギだよねぇ
ハイフシギです
それは日本の歴史的背景《れきしてきはいけい》が関わってくるんだよ
へ？

そもそも
日本には
子どもを
大事にする
文化はない
……
そうなん
ですか？
うん
そうなの
だってさ
今だって
「子どものくせに」とか
「子どもながらに」とか
「ちびっ子大会」とか
子どもを蔑《さげす》んだ
言い方してるよね？
しかも大人がそれを
問題視してない

家父長制《かふちょうせい》って聞いたことある?
えっ かふちょー?
わかりません
わかりやすく説明しましょう
明治時代に新しい民法を作りました
家 父 長 と書いて
「家父長制《かふちょうせい》」
家の中で父が長である 父が一番エライという制度《せいど》
こういう考え方は 江戸《えど》時代までは 風習だったり習慣《しゅうかん》だったり したけど法律《ほうりつ》として 定めたんだ

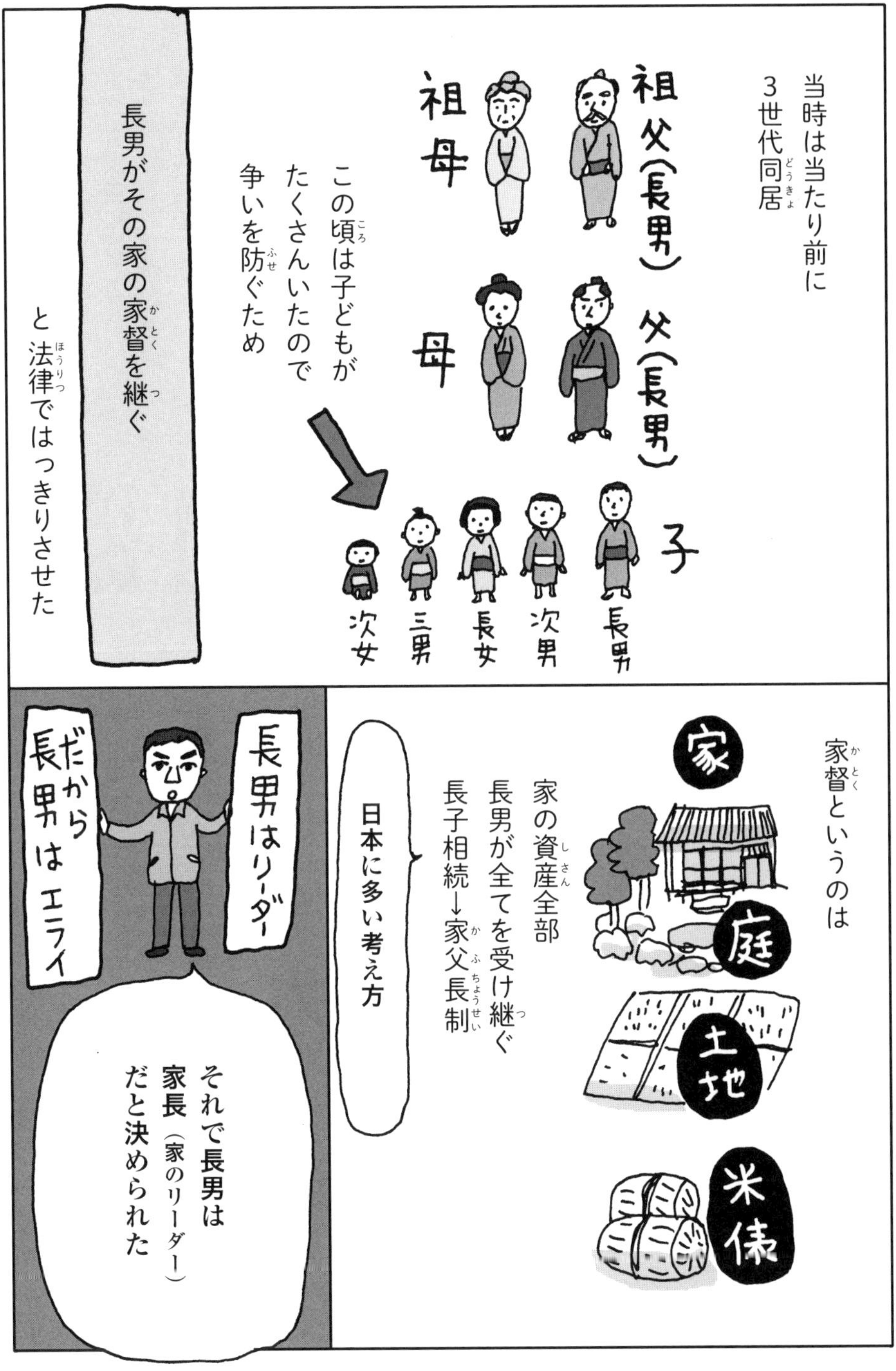
当時は当たり前に
3世代同居《どうきょ》
祖父（長男）
祖母
父（長男）
母
子
長男
次男
長女
三男
次女
この頃《ころ》は子どもが
たくさんいたので
争いを防《ふせ》ぐため
長男がその家の家督《かとく》を継《つ》ぐ
と法律《ほうりつ》ではっきりさせた
家督《かとく》というのは
家
庭
土地
米俵
家の資産《しさん》全部
長男が全てを受け継《つ》ぐ
長子相続→家父長制《かふちょうせい》
日本に多い考え方
長男はリーダー
だから長男はエライ
それで長男は
家長（家のリーダー）
だと決められた

今でも田舎《いなか》に行くと代々のおじいちゃんの写真を部屋に飾《かざ》ってある家あるでしょ？
見たことない？
あっ
ウチのおじいちゃん家《ち》そうだった…
それは代々その家を継《つ》いできた長男であるおじいちゃんは神様みたいにエライんですよっていう考え方の証《あかし》
そーゆーことだったのか…
長男じゃない人は分家というカタチで一段《いちだん》ランクが下がる
あウチ分家でした
そうかそういうしくみになってたんですね

でも長男はそれなりに大変だったんだよ
資産《しさん》を全部受け取る権利《けんり》があるかわりに
絶対服従
その上の長男（祖父《そふ》）の言うことはどんなに理不尽《りふじん》なことでも聞かなきゃいけなかった
中には家を継《つ》ぎたくないって長男もいたと思う
長男は生まれた時からストレスフル
そして長男はエライ
次男以降《いこう》に人権《じんけん》はない当然女にも人権《じんけん》がない
長男直系《ちょっけい》の人たちはストレスのはけ口を子どもや女を虐待《ぎゃくたい》することで発散させる
特に一番小さくて弱い子どもが被害者《ひがいしゃ》になることが多かった

次男以降《いこう》と女の人は人権《じんけん》がなかったんですか？
そうだよ だから
貧《まず》しい家では次男以降《いこう》と女は売られたし
家長の子を妊娠《にんしん》させられる身内の性虐待《せいぎゃくたい》も普通《ふつう》にあった
明治民法では個人《こじん》は家より下
女性《じょせい》の人権《じんけん》なんて戦後の話
怒
ガーン
ガーン
子どもの人権《じんけん》はつい最近やっと考えようってことになった
今は家父長制《かふちょうせい》は廃止《はいし》された
でも今でも保守派《ほしゅは》の人たちは家父長制《かふちょうせい》がいいと思ってる
なんでですか？
次男以降《いこう》の男の発言権《はつげんけん》を奪《うば》ってしまえば平和だと思ってる
女にも人権《じんけん》はいらないって思ってる人は実際《じっさい》にいる

恐《おそ》ろしいけど
日本は伝統的《でんとうてき》にそうなんだとか言ってる人はいる
でも伝統《でんとう》じゃない明治時代まで法律《ほうりつ》なんてあってないようなもの
とは言え
家父長制《かふちょうせい》はともかく
3世代同居《どうきょ》が当たり前だった頃《ころ》は子育てに関してはもっと楽だったと思う
それはどういうことですか？
それはね

明治時代は
農家が多かった
一つの田畑をみんなで
苗《なえ》を植えて育てて
収穫《しゅうかく》する
家族だけじゃなく
集落の人たちみんなで
仕事をした
たくさん
子がいて
赤ちゃんを
田畑において
仕事
近所の人みんなで
協力して子どもを
育てた
子どもはみんなで
育てるのが
当たり前だった

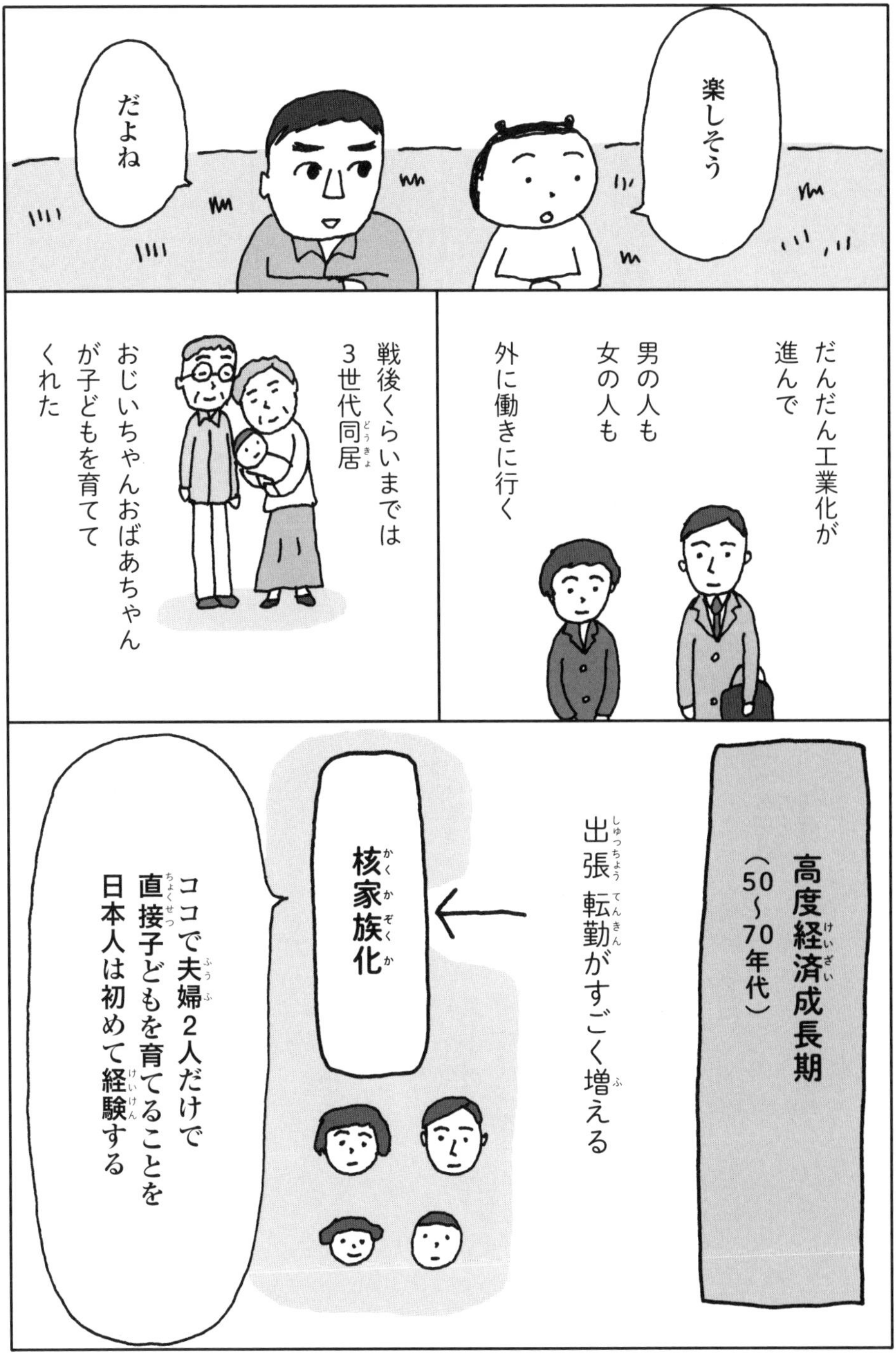
楽しそう
だよね
だんだん工業化が進んで
男の人も女の人も
外に働きに行く
戦後くらいまでは3世代同居《どうきょ》
おじいちゃんおばあちゃんが子どもを育ててくれた
高度経済《けいざい》成長期（50〜70年代）
出張《しゅっちょう》 転勤《てんきん》がすごく増《ふ》える
核家族化《かくかぞくか》
ココで夫婦《ふうふ》2人だけで直接《ちょくせつ》子どもを育てることを日本人は初めて経験《けいけん》する

今は
親が子どもを育てる
母
父
と当たり前のように言われてるけど
昔はそうじゃなかった
子どもは
誰《だれ》かと
助け合いながら
みんなで
育てる
ものだった
現在《げんざい》は
いきなり
子育てと
仕事の両立を
核家族《かくかぞく》は
突《つ》きつけられてる

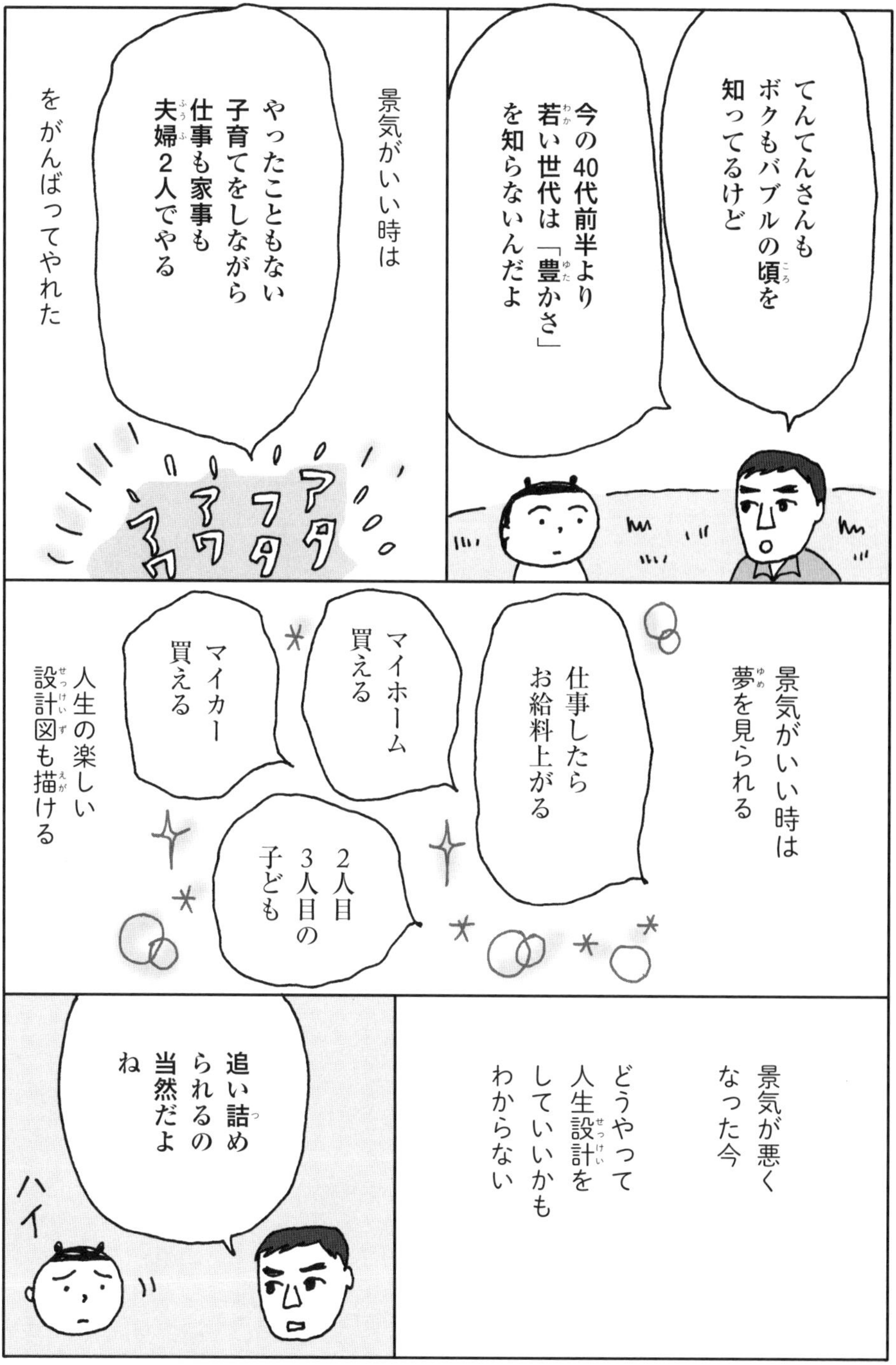
てんてんさんも ボクもバブルの頃《ころ》を 知ってるけど
今の40代前半より 若《わか》い世代は「豊《ゆた》かさ」 を知らないんだよ
景気がいい時は
やったこともない 子育てをしながら 仕事も家事も 夫婦《ふうふ》2人でやる
をがんばってやれた
アタフタ アワアワ
景気がいい時は 夢《ゆめ》を見られる
仕事したら お給料上がる
マイホーム 買える
マイカー 買える
2人目 3人目の 子ども
人生の楽しい 設計図《せっけいず》も描《えが》ける
景気が悪く なった今
どうやって 人生設計《せっけい》を していいかも わからない
追い詰《つ》め られるの 当然だよ ね
ハイ

虐待《ぎゃくたい》のラスボス
日本には
子どもを大事に
しない文化があり
そして
核家族化《かくかぞくか》で
追い詰《つ》められてる親
がいる
そういう
背景《はいけい》が
虐待《ぎゃくたい》にはある
ってことですよね
いやいやいやいや
?
てんてんさん
ゲームでさ
やった
ついに
ラスボス
倒《にお》した!!

と
喜《よろこ》んだらさ
倒《たお》した
はずの
ラスボスより
もっと強いのが
出てきて
マジかー？
っていうこと
ない？
あります
まーそんな
感じで
虐待《ぎゃくたい》の原因《げんいん》
にももっと
すごいラスボス
がいます
マジかー

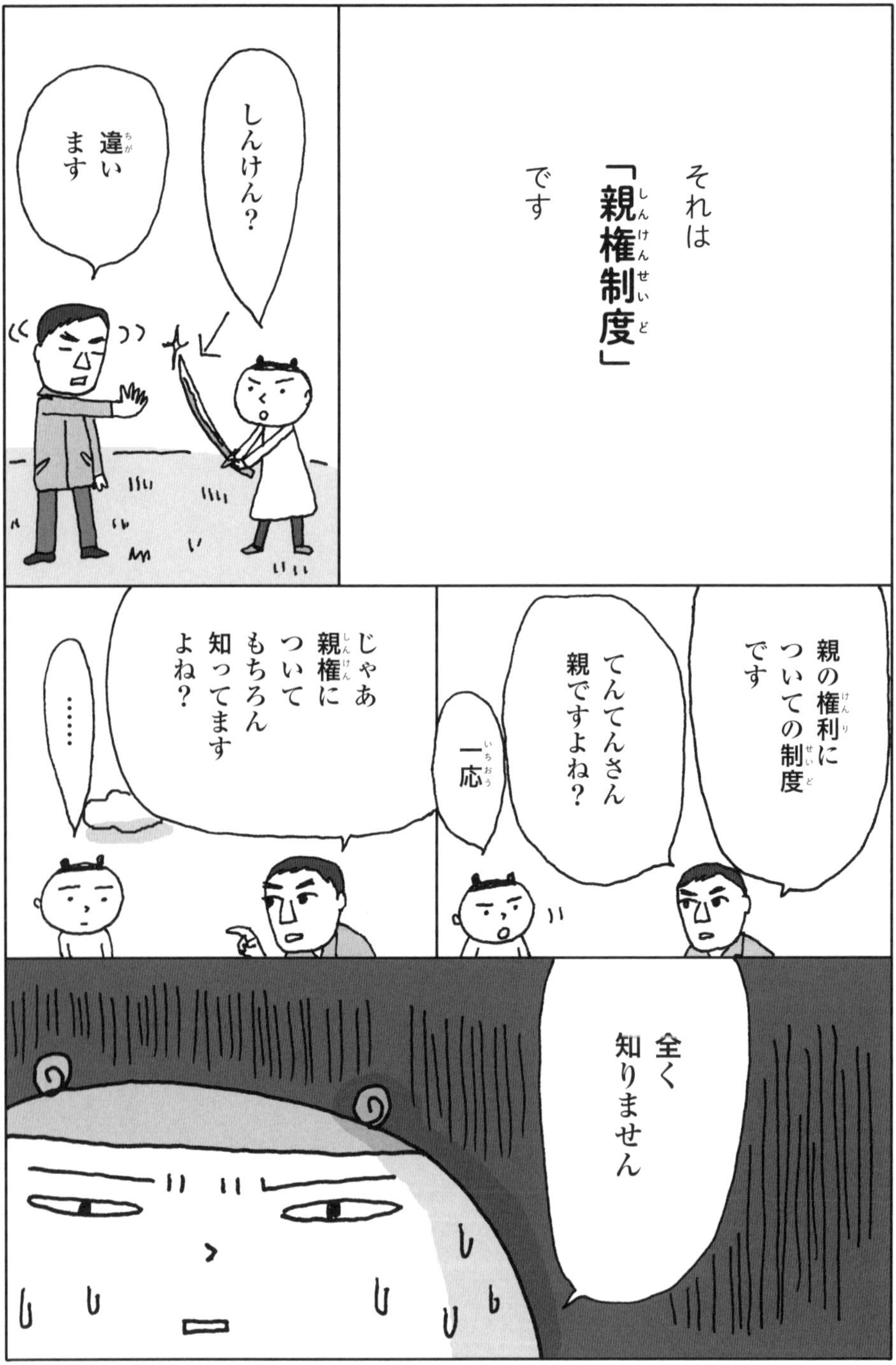
それは
「親権制度《しんけんせいど》」
です
しんけん?
違《ちが》います
親の権利《けんり》についての制度《せいど》です
てんてんさん親ですよね?
一応《いちおう》
じゃあ親権《しんけん》についてもちろん知ってますよね?
……
全く知りません

親なのに知らないんですか?
知りません
親なのに知ろうともしないんですか?
だって
それ どこで教えてくれるんですかー?
だよねぇ
どこでも教えてくれないんですよ
自分で調べない限《かぎ》り
親が持つ権利《けんり》という責任《せきにん》を知らないで親になってるんですよ

ソレ
怖《こわ》くないですか？
コワイです
たとえば今流行《はや》りの「友だち親子」
母
みっちゃん
娘
あーちゃん
表向きお互《たが》いに名前で呼《よ》んだり
母と娘《むすめ》が姉妹のように行動する（時々母と息子もいる）
父を相手にした友だち親子は珍《めずら》しい
仲良くていいね
って世間に言われて対等に見られるのが友だち親子

でもコレ本人たちそれぞれに話を聞くと
親が演出《えんしゅつ》したがってることが多い
子どもの方はしょうがないから親に付き合ってる的な感じ
やっぱり
その力関係は親権制度《しんけんせいど》が影響《えいきょう》してると思います
そうなんですか？
民法にこういう文章があったよね
「成年に達しない子は、父母の親権《しんけん》に服する」
要するに「子どもは黙《だま》って親に従《したが》え」という意味です

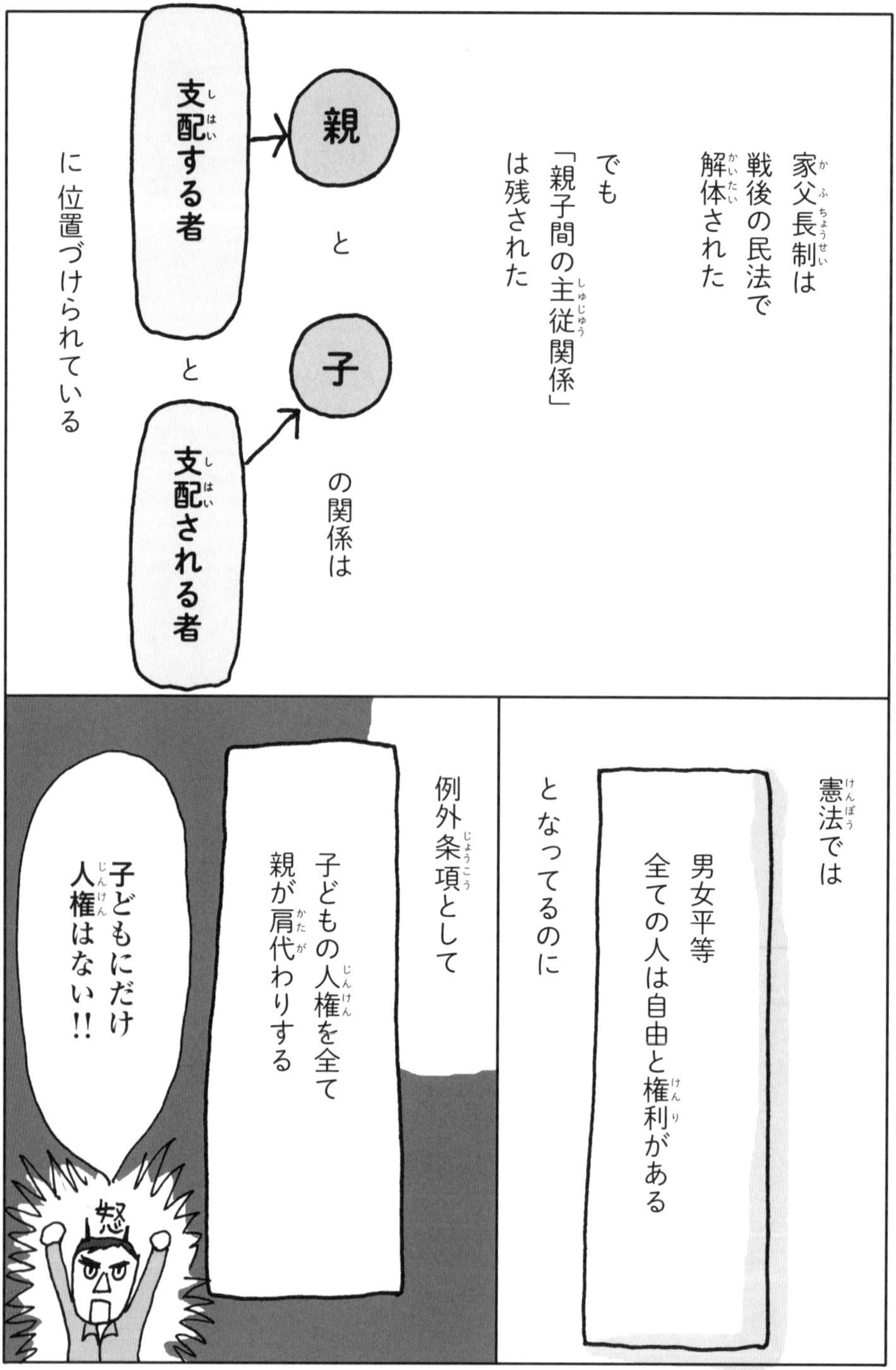
家父長制《かふちょうせい》は
戦後の民法で
解体《かいたい》された
でも
「親子間の主従《しゅじゅう》関係」
は残された
親
と
子
の関係は
支配《しはい》する者
と
支配《しはい》される者
に位置づけられている
憲法《けんぽう》では
男女平等
全ての人は自由と権利《けんり》がある
となってるのに
例外条項《じょうこう》として
子どもの人権《じんけん》を全て
親が肩代《かたが》わりする
子どもにだけ
人権《じんけん》はない!!
怒

なんと
そういうしくみになっているのですね
それじゃ私《わたし》は息子の人権《じんけん》を肩代《かたが》わりしてるんですね？
法律上《ほうりつじょう》はそうです
でももし親自身に人権意識《じんけんいしき》がなかったらどうですか？
！
子どもの人権《じんけん》を守ろうなんて思わないですよね？
それも
怖《こわ》いことじゃないですか？

5つのラスボス
さてラスボスの親権《しんけん》の正体を説明するね
ハイ
親権《しんけん》のなかでもこの5つに注目してほしい
1. 監護《かんご》・教育をする権利《けんり》と義務《ぎむ》
「監護《かんご》」とは子どものそばで生活しながら子どもの世話や教育をする親の権利《けんり》と義務《ぎむ》
でも法《ほう》には子ども側にも同じ義務《ぎむ》がある
たとえば子どもの頃《ころ》親に虐待《ぎゃくたい》されて育てられたとしても
成人したら年をとった親の介護《かいご》はしなくちゃいけない※

※親が老年者・身体障害者・病者である場合、扶養義務を負う子どもが介護を放棄すると、「保護責任者遺棄罪」によって罪に問われることも（刑法第218条）

2. 居所指定権《きょしょしていけん》
子どもの居場所《いばしょ》を
決められるのは親だけ
だということ
怒
虞犯《ぐはん》少年
といわれる
罪《つみ》を犯《おか》す
おそれのある
未成年
家族に
虐待《ぎゃくたい》されて
つらいので
家出をしたとしても
親の言うことを聞かない
悪い子として扱《あつか》われてしまう
3. 懲戒権《ちょうかいけん》
懲《こ》らしめて
しつける権利《けんり》
この言葉を許《ゆる》してる
あたり 前近代的
「なんで
懲《こ》らしめなきゃ
いけないの？」
って思わない？
子どもは人間
なんだから
懲《こ》らしめなくても
優《やさ》しい言葉で
時間をかけて
言えばいいんじゃない？※

※2022年2月、法務大臣の諮問機関である法制審議会は、民法から懲戒権を削除し、体罰禁止を明記する要綱案をまとめた

4. 職業許可権《しょくぎょうきょかけん》
子どもの職業《しょくぎょう》を
許可《きょか》する
許可《きょか》しないの権利《けんり》
ボクは父親に
「アルバイトするなら
高校やめろ」って
言われてバイト
させてもらえなかった
えー
5. 財産《ざいさん》の管理および代表権《だいひょうけん》
子どもの財産《ざいさん》は
親が管理する
先ほど話が
出てきた
お年玉を親が
子どもに内緒《ないしょ》で
使っちゃうとかは
この財産管理権《ざいさんかんりけん》
の濫用《らんよう》
お年玉

ということはこの親権《しんけん》を濫用《らんよう》すると
虐待《ぎゃくたい》になるということですか?
その通り
なので親権《しんけん》がどういうものなのかを親自身が学ばないと
親自身にその気がなくても加害者になる可能性《かのうせい》が高いということなのよ

ラスボス
親権《しんけん》制度《せいど》
どう学ぶ？
そーゆー大切な
親権《しんけん》制度《せいど》のことはどこで学べばいいんですか？
今のところ教えてくれるところはないんじゃないかな
じゃーどうしたらいいんでしょう？
やーだからボクは父子手帳を作ればいいと思う
父子手帳
父子手帳っ？
妊娠《にんしん》したらお母さんは自分のことでいっぱいいっぱいじゃない？
そうでした 私《わたし》も身体《からだ》も生活も変わりました
でもお父さんは母親と比《くら》べればすることが少ないじゃない？
そーですねえ

だったら
妊娠《にんしん》がわかった時点で
お父さんには父子手帳を
役所がプレゼントして
親権制度《しんけんせいど》について
学んでもらうのが
いいと思うんだ
父子手帳
お父さんが 学んで お母さんにも 教える
それで 親になった時
どういう 法的責任者《せきにんしゃ》 になるのかを 知れるでしょ
なるほど
父子手帳に 書くことは
1. 親権《しんけん》ってなあに？
2. 子どもの人権《じんけん》ってなあに？
3. 子ども虐待《ぎゃくたい》ってなあに？
（法的4つの虐待《ぎゃくたい》と その他4つの虐待《ぎゃくたい》の説明）
コレらをプレパパに わかりやすく 伝える

それと同時に「親権者責任能力《しんけんしゃせきにんのうりょく》テスト」をやるといいと思うんだ
テストですか
車に乗りたかったら自動車運転免許《めんきょ》取るでしょ？
同じように親になりたかったらテストをすればいい
なんでこんなこと言うのかというとね
子どもに対して無責任《むせきにん》な親が多いからなの特に男性《だんせい》
怒
何も知らず「高い高い」して揺《ゆ》さぶられっ子症候群《しょうこうぐん》で赤ちゃんを死なせてしまうお父さんがいた
ソレって赤ちゃんにしてはいけないことをしたから虐待《ぎゃくたい》だし
実際《じっさい》に逮捕《たいほ》されるお父さんがいて犯罪者《はんざいしゃ》になってしまうことも…

ちゃんとテストして自動車運転免許《めんきょ》を取っても
交通事故《じこ》の数は減《へ》らない
人ってそういうもんなんだと思う
でも
法律《ほうりつ》を知ってて罪《つみ》を犯《おか》すより
知らないで犯《おか》す方が
怖《こわ》くない？
もしてんてんさんの周りに車の免許《めんきょ》持ってなくて運転してる人がいたら怖《こわ》いでしょ？
ハイ怖《こわ》いです
今の虐待《ぎゃくたい》の状況《じょうきょう》ってそーゆー感じなんだと思う

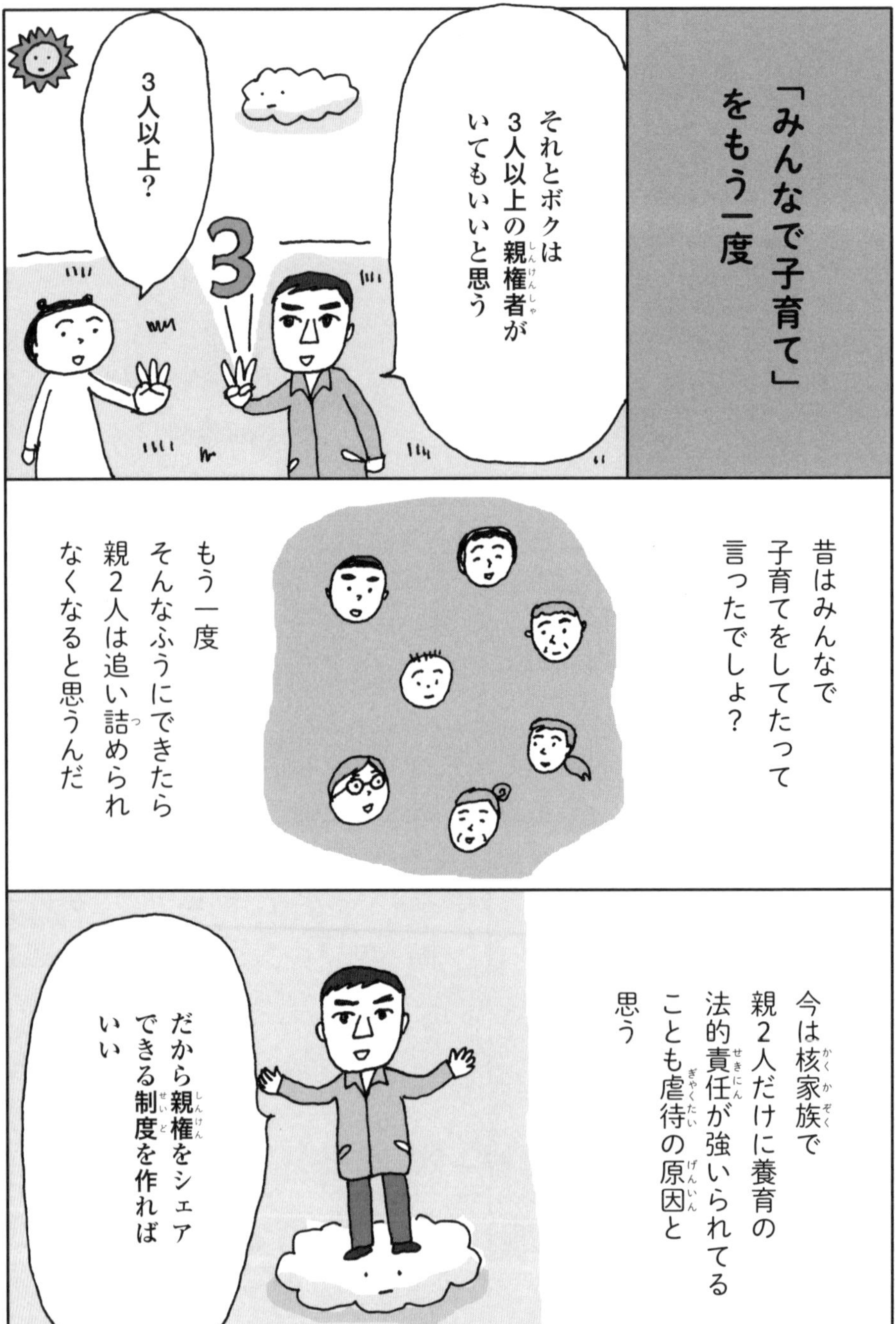
「みんなで子育て」をもう一度
それとボクは3人以上の親権者《しんけんしゃ》がいてもいいと思う
3人以上？
3
昔はみんなで子育てをしてたって言ったでしょ？
もう一度そんなふうにできたら親2人は追い詰《つ》められなくなると思うんだ
今は核家族《かくかぞく》で親2人だけに養育の法的責任《せきにん》が強いられてることも虐待《ぎゃくたい》の原因《げんいん》と思う
だから親権《しんけん》をシェアできる制度《せいど》を作ればいい

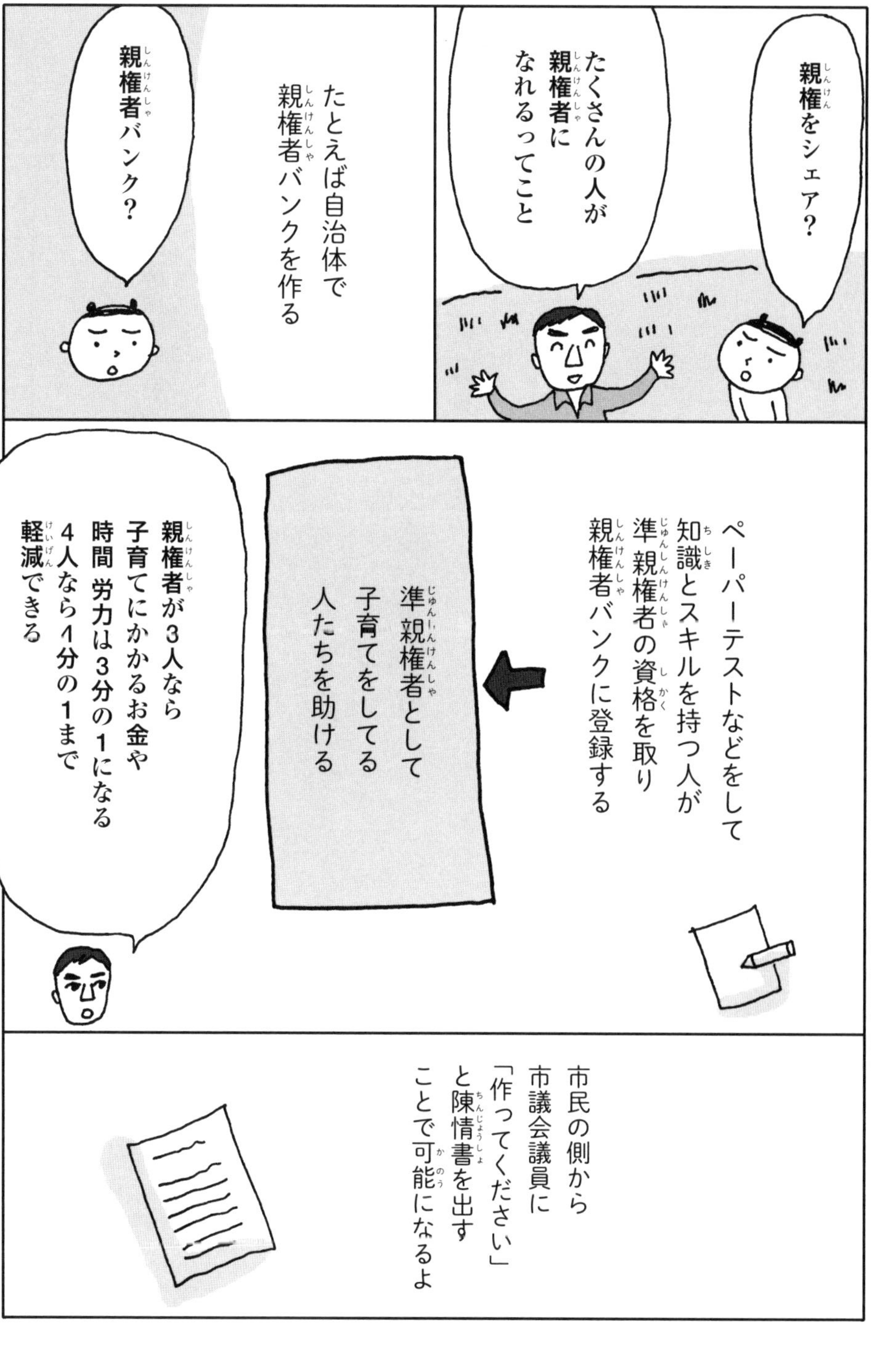

親権《しんけん》をシェア？
たくさんの人が親権者《しんけんしゃ》になれるってこと
たとえば自治体で親権者《しんけんしゃ》バンクを作る
親権者《しんけんしゃ》バンク？
ペーパーテストなどをして知識《ちしき》とスキルを持つ人が準親権者《じゅんしんけんしゃ》の資格《しかく》を取り親権者《しんけんしゃ》バンクに登録する
準親権者《じゅんしんけんしゃ》として子育てをしてる人たちを助ける
親権者《しんけんしゃ》が3人なら子育てにかかるお金や時間 労力は3分の1になる 4人なら4分の1まで軽減《けいげん》できる
市民の側から市議会議員に「作ってください」と陳情書《ちんじょうしょ》を出すことで可能《かのう》になるよ

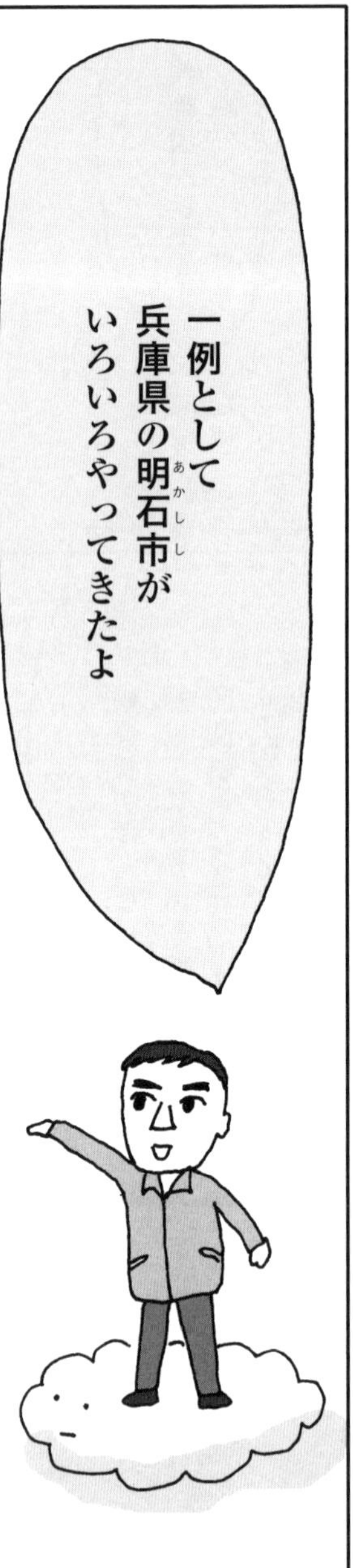
一例として
兵庫県の明石市《あかしし》が
いろいろやってきたよ

10年以上
「チルドレンファースト」の
行政《ぎょうせい》をしてる

こども局を創設《そうせつ》
- こども部門の職員《しょくいん》を3倍増《ばいぞう》
- こども部門の弁護士《べんごし》12名を採用《さいよう》
- こども部門の予算2倍増《ばいぞう》

児童相談所の職員数《しょくいんすう》　国の基準《きじゅん》の2倍

その結果

5つの無料化※

1 医療費《いりょうひ》
2 保育料《ほいくりょう》
3 給食費《きゅうしょくひ》
4 遊び場
5 おむつ

※18才までの医療費無料、第2子以降の保育料無料、中学校の給食費無料、一部の公共施設の遊び場無料、おむつ定期便（0才児見守り訪問）無料。以上すべて、所得制限なし、自己負担なし

人口10年連続増加《ぞうか》
出生率《しゅっしょうりつ》1・70
税収《ぜいしゅう》8年連続増加《ぞうか》
市民満足度91・2％

これらを実現《じつげん》したんだ※

みんなが声を上げれば
そして政治が動けば
こういうことは
可能になるんだよ

※出生率（2018年）、税収（2020年）、市民満足度（2019年）の調査結果による

ルポ

子ども虐待《ぎゃくたい》

記者・今一生

VOL. 7

親権制度

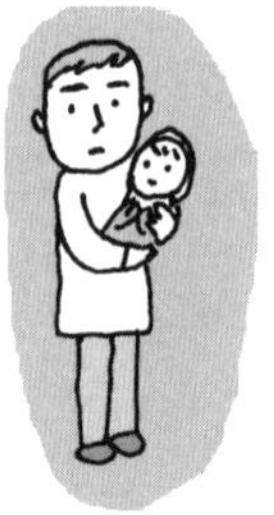

子どもを親の奴隷にする民法

日本の民法は、第二次世界大戦後の憲法改正に伴い、「個人の尊厳と男女平等の原則」に基づき、１９４７年（昭和22年）に父母の両方に親権を認めた。当時は、世界中どこでも「子どもの権利」への関心が薄く、日本では貧しい家の子どもは奉公先や売春宿に売られ、子どもを買って働かせる奉公先は「篤志家《とくしか》」として尊敬されていた。

戦後の民法は、改正前と同様に子どもから基本的人権を奪った。民法第８１８条は今でも、「成年に達しない子は、父母の親権に服する」と規定している。「服する」とは、「言われたとおりにする。服従する」の意味だ。

親権には、育てる権利と同時に育てる義務の意味があるが、実生活における親権制度は、親子関係を「支配する・支配される」関係にする法的根拠として運用されている。子どもは、親と交渉する権利さえ保証されていない。

親権者は、子どもが嫌がる場所で

も子どもと暮らすことができ、子どもの居場所を許可する権利を独占している。そのため、子どもが虐待親から避難した際に親以外の人（親族を含む）が保護すれば、保護した人が誘拐罪として逮捕されるおそれがある。

また、親権者には子どもが養子縁組などの身分行為を行う時に代理する権利があり、父母さえ同意すれば、子どもは養子に出されてしまう。親権者には子どもを懲戒する権利もあり、体罰や児童虐待防止法に規定された虐待以外なら、子どもがどんなに嫌がる「しつけ」や「教育」も行える。

しかも、子どもが職業を営むにあたり、その職業を許可する権利もあるため、子どもが自分の選んだ職業に就きたいと望んでも、親が就かせたい職業にしか進学費を出さないことが正当化される。

それどころか、親権者には子どもの財産管理権もあるため、子どもが働いて貯《た》めた貯金を取り上げても、罪に問われない（※高齢者や障害者の虐待防止法では、経済的虐待が認められているが、児童虐待防止法では認められていない）。

親権者には、子どもが相続によって得た財産（不動産など）を売却・賃貸・利用・処分する権利すらある。子どもが親権者の同意を得ることなく行った法律行為を取り消せる権利もあるので、銀行口座の新設やスマホの契約、会社設立などを未成年だけで試みても、後で親権者に解約させられることもある。

「家父長制」の弊害

自分のことを自分で決める権利がなく、自分以外の誰かの許可なしには生きられない存在は、世界中どこでも「奴隷」と言われる。日本の子どもは、法的には親の奴隷なのだ。この奴隷制は、明治民法に規定された家父長制が戦後の改正民法で制度として解体されたが、文化・思想としては残ったために今なお続いている。

明治の頃は、3世代同居が当たり前。そこで、「家長」の祖父が生んだ長男へ家督（家の財産）を相続させ、長男が父になれば、彼の長男を「戸主」として家督を継がせた。家督を継げない次男以降や母・嫁・姉妹などは、家長である戸主に一方的に従わざるを得ず、基本的人権も保証されなかった。それが、家の存続のために長男以外の親族を犠牲にしてきた家父長制だ。

敗戦から70年以上が過ぎても、子どもの「個人の尊厳」や親子間の「平等」は法的に保証されないまま。日本には、子どもを大事にする文化が歴史的にないからだ。しかし、祖父母が家にいない核家族が増えた今日、父母だけに親権（養育の全責任）を強いる制度のままで、仕事と子育ての両立という困難を解決できるだろうか？

第3章 さよなら、子ども虐待《ぎゃくたい》

子どもの人権《じんけん》を考えよう
親の権利《けんり》について知ったら子どもの権利《けんり》も知っておきましょう
子どもの権利《けんり》…
てんてんさんは子どものことを下に見たりしてる?
えっ どうかな? そうしないよう心がけてます
じゃあ自分が子どもの時はどうだった?
……下に見られてると思ってました
それって人権《じんけん》を無視《むし》されてるってことだよね?
あそうか そういうことか
そーだよね 子どもの頃《ころ》気づかないよね
ハイ…それが当たり前みたいに思ってたから

そこがポイントだよね
権利《けんり》を持たせてもらってないということを子ども時代に自覚させられてないってことは
親や先生など大人が自分の権利《けんり》について無関心だってことと同じだよ
そしてたぶんその大人たちも小さい時から
親に文句《もんく》言うんじゃない
先生に意見を言うんじゃない
大人に対してものを言っちゃいけない文化を当たり前に受け入れて育ってきたんだよね

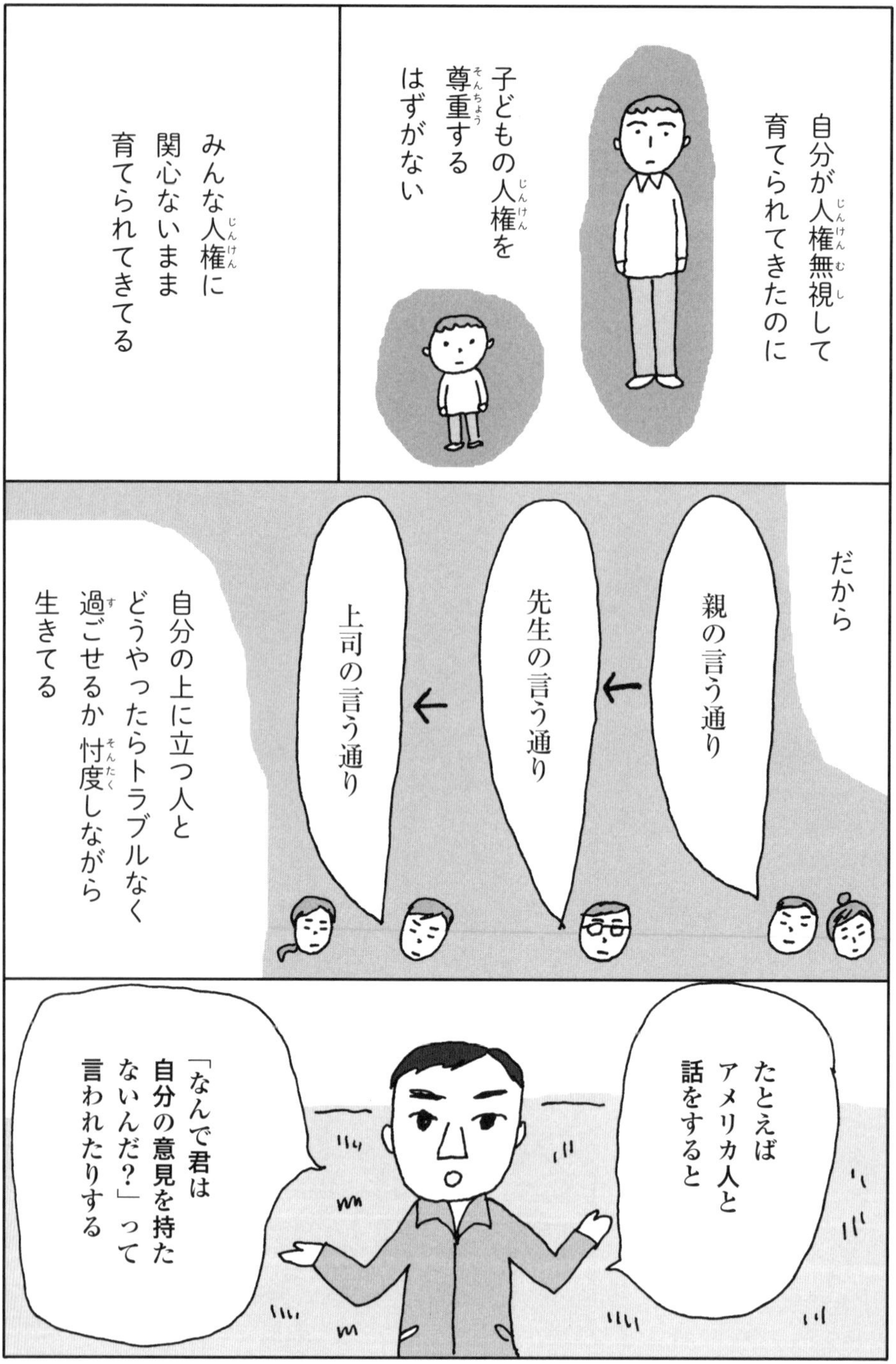
自分が人権《じんけん》無視《むし》して育てられてきたのに
子どもの人権《じんけん》を尊重《そんちょう》するはずがない
みんな人権《じんけん》に関心ないまま育てられてきてる
だから
親の言う通り
←
先生の言う通り
←
上司の言う通り
自分の上に立つ人とどうやったらトラブルなく過《す》ごせるか忖度《そんたく》しながら生きてる
たとえばアメリカ人と話をすると
「なんで君は自分の意見を持たないんだ？」って言われたりする

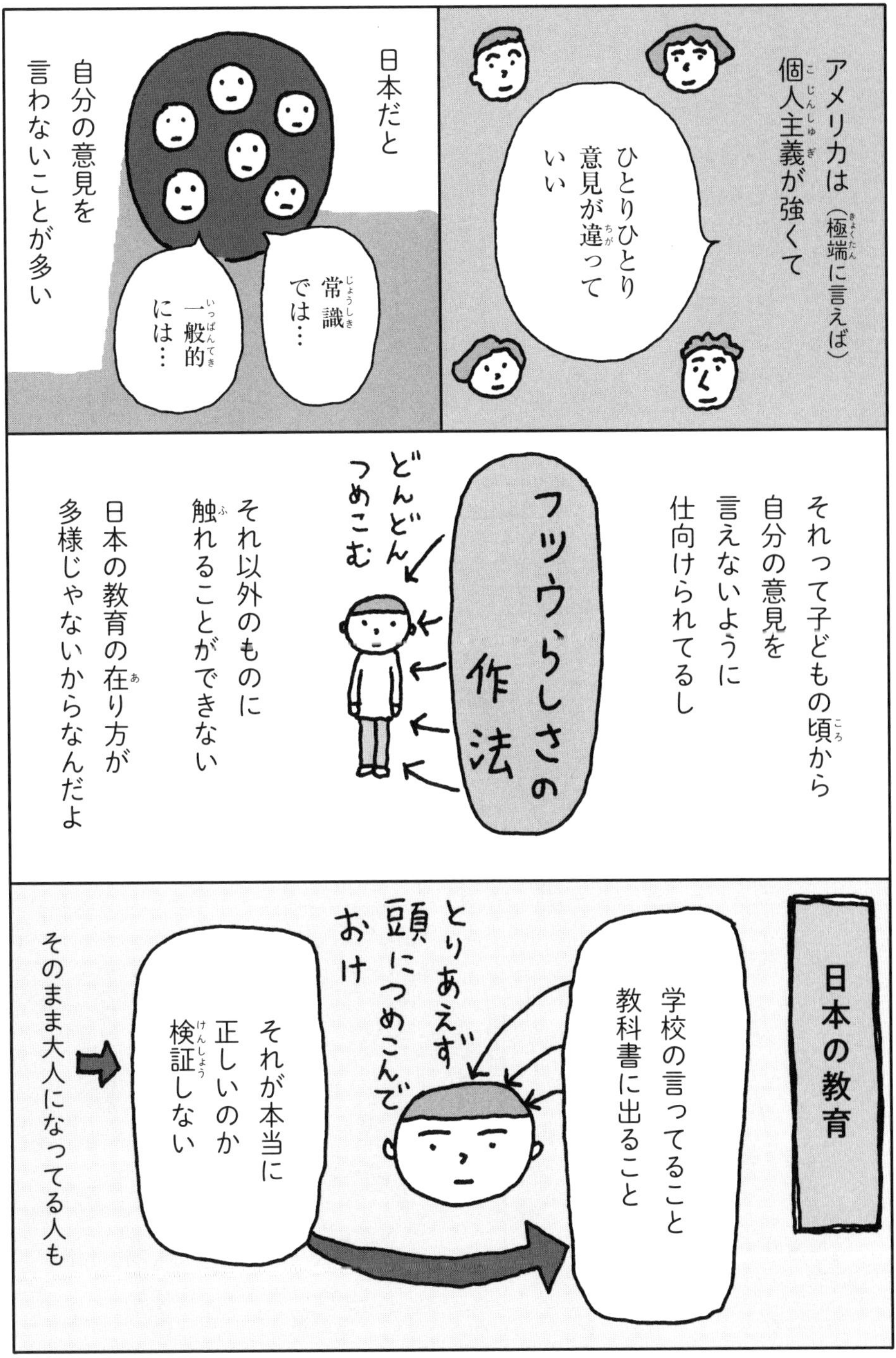
アメリカは（極端《きょくたん》に言えば）
個人主義《こじんしゅぎ》が強くて
ひとりひとり意見が違《ちが》っていい
日本だと
常識《じょうしき》では…
一般的《いっぱんてき》には…
自分の意見を言わないことが多い
それって子どもの頃《ころ》から自分の意見を言えないように仕向けられてるし
フツウらしさの作法
どんどんつめこむ
それ以外のものに触《ふ》れることができない
日本の教育の在《あ》り方が多様じゃないからなんだよ
日本の教育
学校の言ってること教科書に出ること
とりあえず頭につめこんでおけ
それが本当に正しいのか検証《けんしょう》しない
そのまま大人になってる人も

詰《つ》め込《こ》んでも
それを
自分の考え
として
言えない
ように
されてるから
何も
言えない
大人になる
だから日本人は
交渉術《こうしょうじゅつ》としての知識《ちしき》や
スキルが蓄積《ちくせき》しづらい
って言われたりする
コレって
怖《こわ》いこと
なんだよ
資本主義《しほんしゅぎ》では
交渉《こうしょう》しないと
物事が良い方に
進められないから
てんてんさん
子どもの頃《ころ》
親に交渉《こうしょう》した
ことある？
いや
ないと
思います
親から交渉《こうしょう》
されたことは？
ないです

だよねぇ
あー
私《わたし》は自分の意見全然言えません
子どもの頃《ころ》に自分の意見を大事にされなかった子は
大人になっても自分の意見は大事にされないって思ってしまうよね
そうしたら意見のない人になっちゃうよね
ハイ

子どもが自分の権利《けんり》を学べるように
とにかく今の日本の子どもには人権《じんけん》がない
親がそれを管理することになってるから
ハイ
そういうことを自分でわかるためにも
子どもが自分の権利《けんり》を学べる機会
を作ることが必要だと思う
私《わたし》息子が小学生の時PTA役員を3年間しましたが
そういうことを学べる時間はなかったように思います
だよねぇ

そういうこと学校でやるってあまり聞かないもん
ハイ
今の子どもたちの人権《じんけん》はそれぞれの親の常識《じょうしき》で守られてるのね
親の常識《じょうしき》
常識《じょうしき》って家庭によって違《ちが》うでしょ？
あー
きっと違《ちが》いますね
子どもたちは自分がいる環境《かんきょう》しか知らないから
週一回しかおフロ入らない
朝ゴハンたべない
コレがフツウ
しかられたら家にいれてもらえない
と思って生きてる

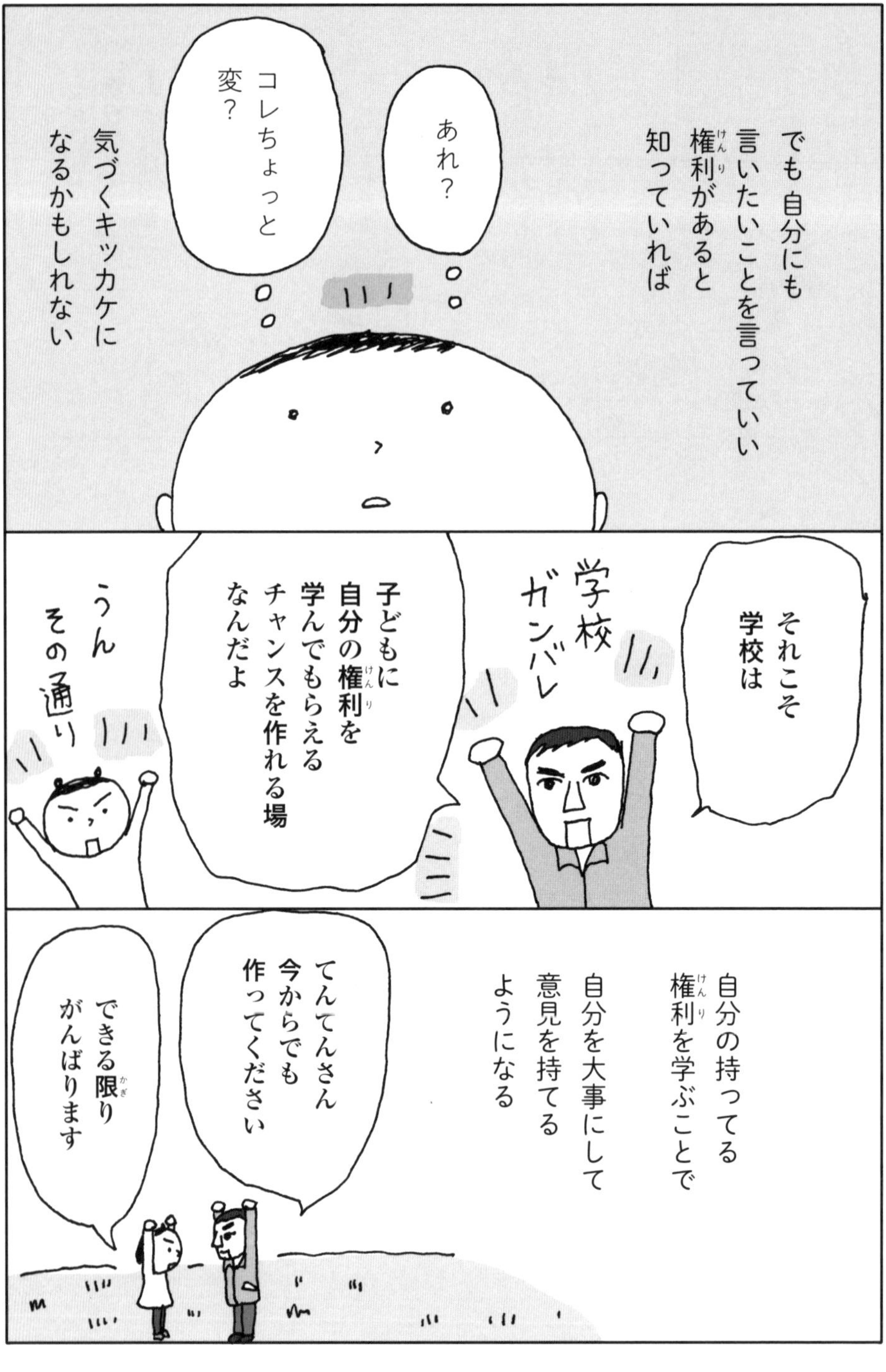
でも自分にも
言いたいことを言っていい
権利《けんり》があると
知っていれば
あれ？
コレちょっと
変？
気づくキッカケに
なるかもしれない
それこそ
学校は
学校
ガンバレ
子どもに
自分の権利《けんり》を
学んでもらえる
チャンスを作れる場
なんだよ
うん
その通り
自分の持ってる
権利《けんり》を学ぶことで
自分を大事にして
意見を持てる
ようになる
てんてんさん
今からでも
作ってください
できる限《かぎ》り
がんばります

子どもにはこのような権利《けんり》が認《みと》められているよ

子どもはみんな

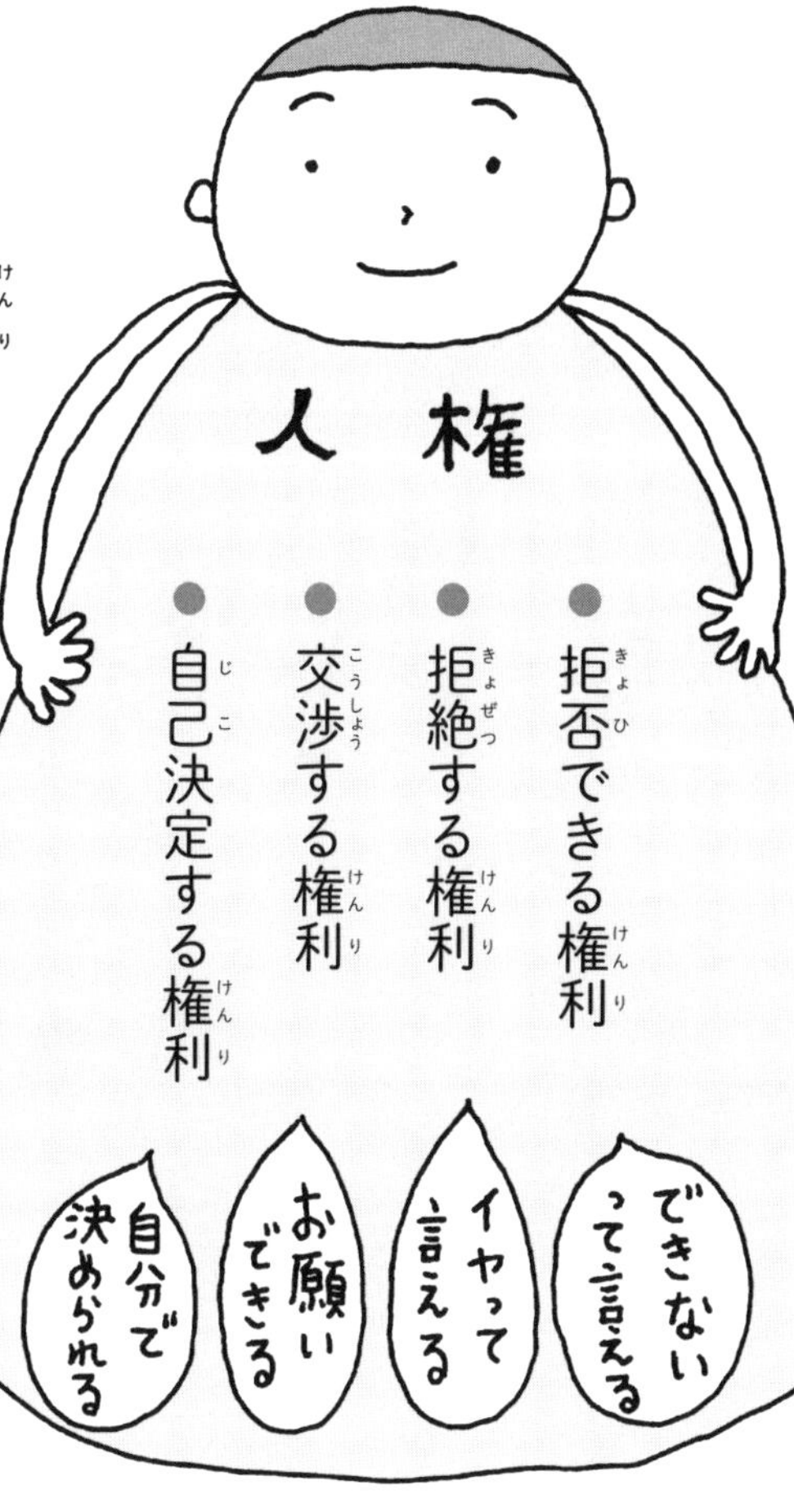

人権
拒否《きょひ》できる権利《けんり》
拒絶《きょぜつ》する権利《けんり》
交渉《こうしょう》する権利《けんり》
自己《じこ》決定する権利《けんり》
できないって言える
イヤって言える
お願いできる
自分で決められる

こういう権利《けんり》を持ってる

…ということは子ども自身が親権者《しんけんしゃ》を選択《せんたく》・排除《はいじょ》・追加できる権利《けんり》があってもいいよね

未成年後見人をつければ幼《おさな》い子どもでも権利《けんり》を守られるようになるよ

今さんはなぜ虐待《ぎゃくたい》という問題に取り組もうと思ったんですか?
子どもの頃《ころ》父はボクの話を聞いてくれなくて母も聞いてくれなかった父・母との関係には悩《なや》んでたんだ
高校生の頃《ころ》学費《がくひ》を稼《かせ》ぎたいと思ってアルバイトしようとしたら父から
アルバイトするなら高校やめろ
と言われてできなかったんだよ
父
自分は音楽の道に進みたかったけど父は「いい大学へ行く」ことしか許《ゆる》さなかった
高卒の父は学歴《がくれき》コンプレックスがあったんだ
それでボクはストレスで過敏性《かびんせい》の大腸炎《だいちょうえん》になっちゃったんだよ
これにすごく悩《なや》まされたんだけど
家を出て一人暮《ぐ》らし始めたらすぐ治っちゃった
支配的《しはいてき》な父親こそが原因《げんいん》だったんだなと思った

そんなこんなで
親子の問題で
悩《なや》んでたわけだけど
もっとつらい人が
世の中にいることが
わかってきた
オレ
生《なま》ぬるかったな
と思った
ライターの仕事
するようになって
「生きづらい」という
人に話を聞いたら
死にたい
って人が多かった
どんどん取材を
していくうちに
みんな親子の話
をしたがるな
と気づいた
それで
子どもの虐待《ぎゃくたい》に辿《たど》り着いた
なんでそれが当事者《とうじしゃ》から
発信されずになかなか表に
出てこないのかって言ったら
親に文句《もんく》を
言うことが
タブー
子どもを大事に
する文化が
歴史的《れきしてき》にない
政治家《せいじか》は
有権者《ゆうけんしゃ》ではない
子どもの苦しみを
先送りに
難題《なんだい》が重なってるからだ
ということもわかった
それでも誰《だれ》も動かない
自分でやるしかないのかな
ということで
今やってるわけ

ルポ

子ども虐待《ぎゃくたい》

記者・今一生

VOL. 8

虐待サバイバーって知ってますか?

「死にたい理由」

僕(今一生《こんいっしょう》)は1990代前半から、子ども虐待に関して精神科医や臨床心理士、被虐待児支援団体などの取材を進めていた。虐待被害の当事者の取材を本格的に始めたのは、1990年代後半以降だ。その頃から自殺未遂者を取材していたが、彼らのほとんどが家族による虐待被害を「死にたい理由」として訴えていた。

首吊《くびつ》りや飛び降りを何度試みても死ねなかった20代後半のある青年は、僕にしつこく「父に殴られる。家に来て」と頼んできた。訪れてみると、目の焦点が合ってなさそうな父親が居間をふらつき歩いていた。

青年が中学生の頃、父はアルコール依存症になり、暴力をふるっていたと、母親が証言した。青年は、「今も虐待されてると言わなければ、来てくれないと思った」そうだ。

このように、子どもの頃に家族に虐待されながらも、なんとか生き残ってきた人を「虐待サバイバー」と呼ぶ。依存症の患者に虐待サバイバーが多いと知った後、僕は300万円もの借金を負ってもやめられなかったテレクラ依存症の当事者として、東京都内で開かれていた自助グループにも参加した。

そのグループでは、摂食障害やアルコール依存症などの苦しみを告白すれば、参加者の熱い涙を誘った。だが、テレクラ依存症や盗癖、風俗勤務が辞められないなどの告白をした人がいるたびに空気が凍りついた。依存症者の間にも差別があるのだ。

そこで僕は、虐待サバイバーに呼びかけ、カラオケや飲み会、お茶会などを開き、話を聞いてきた。彼らの話は不幸自慢でもなければ、不幸比べでもない。親による虐待を認めるのは、愛されなかったと認めるのと同じで、つらいことだ。それでも生き残ってきたからこそ、強く共感し合える仲間ができる。

虐待されるのが日常だった子どもの頃は、ひとりで耐えるしかなかったが、誰にも苦しみを言えなくても、結婚や子育てを始めてから虐待サバイバーだと自覚したり、医者やカウンセラーに指摘されて気づく人も少なくない。

虐待サバイバーは、「自分が弱いから虐待されてもしょうがない」とか、「愚かな自分には存在価値がない」と思いがちだ。でも、「この苦しみを作ったのは自分ではなく、親だ」とわかれば、多くを語らなくても同じ痛みをわかってくれる仲間も作れるし、親と距離をとることで生き直せる。

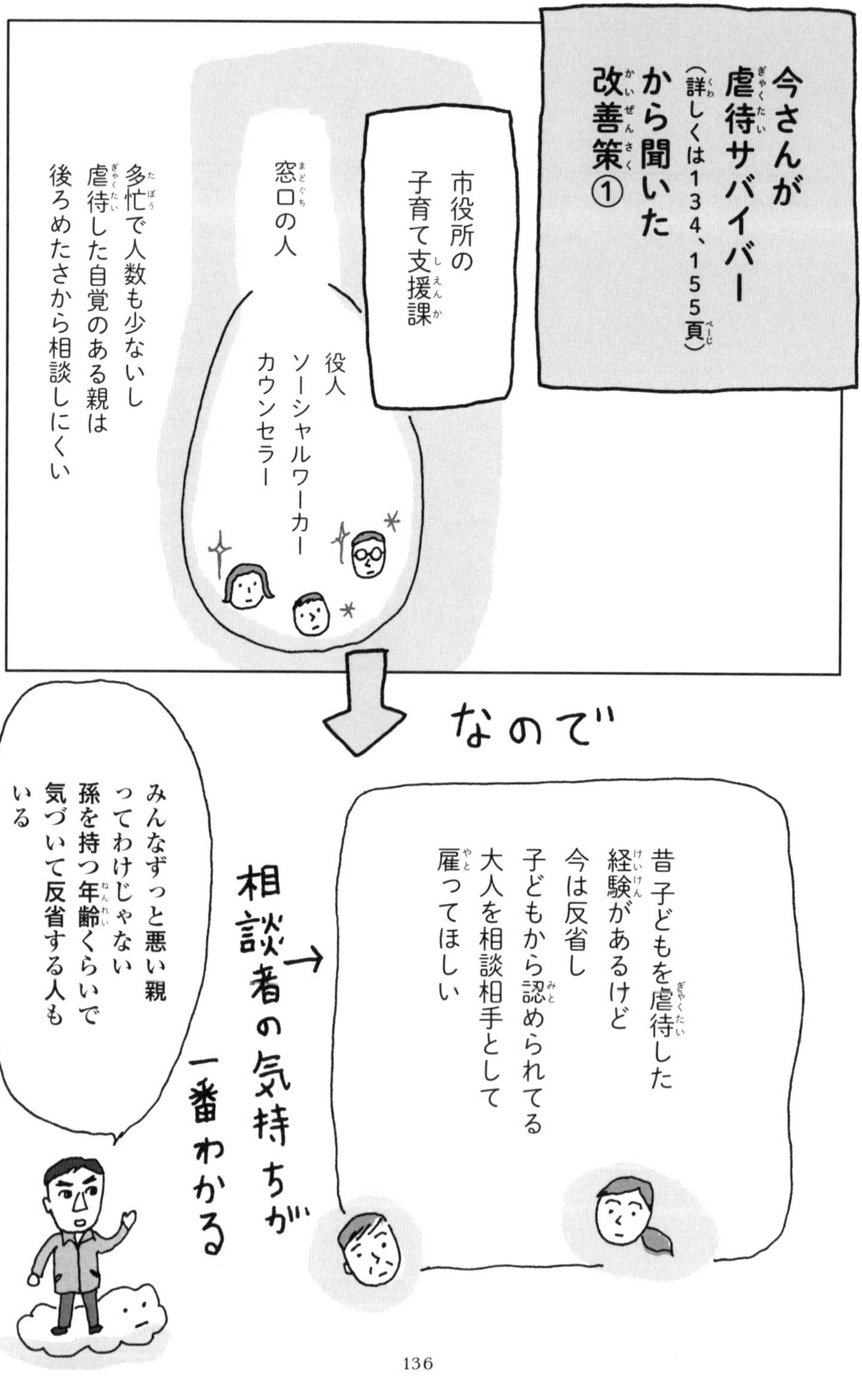
今さんが
虐待《ぎゃくたい》サバイバー
（詳《くわ》しくは134、155頁《ぺーじ》）
から聞いた
改善策《かいぜんさく》①
市役所の子育て支援《しえん》課《か》
窓口《まどぐち》の人
役人
ソーシャルワーカー
カウンセラー
多忙《たぼう》で人数も少ないし
虐待《ぎゃくたい》した自覚のある親は
後ろめたさから相談しにくい
なので
昔子どもを虐待《ぎゃくたい》した経験《けいけん》があるけど今は反省し子どもから認《みと》められてる大人を相談相手として雇《やと》ってほしい
相談者の気持ちが一番わかる
みんなずっと悪い親ってわけじゃない孫を持つ年齢《ねんれい》くらいで気づいて反省する人もいる

改善策《かいぜんさく》②

短期民間養護者制度《ようごしゃせいど》を作ってみては？

児童相談所の業務委託《ぎょうむいたく》として民間人が目の前で虐待《ぎゃくたい》されてる子を見たら自分の部屋に入れていい制度《せいど》

現在《げんざい》はそれをしたら誘拐罪《ゆうかいざい》で逮捕《たいほ》

↓

すぐに児相が保護《ほご》できるように

方法

虐待《ぎゃくたい》を見たらまず通報《つうほう》

その時に役所の人がコレとコレをしたら刑法《けいほう》で捕《つか》まるという説明をマニュアルを作って教える

それをわかった上で72時間以内まで保護《ほご》する

←

次の日児相の職員《しょくいん》が来て子どもを別の施設《しせつ》（民間のNPOや社会福祉《ふくし》法人など）に移送《いそう》する

改善策《かいぜんさく》③

親の虐待《ぎゃくたい》が原因《げんいん》で子が病気になったら親が治療費《ちりょうひ》を払《はら》う

子どもの頃《ころ》
虐待《ぎゃくたい》を受けた人は
大人になってもずっと
心が苦しめられてる

親の虐待《ぎゃくたい》
が原因《げんいん》で大人
になってから

うつ病
統合失調症《とうごうしっちょうしょう》
双極性障害《そうきょくせいしょうがい》

などの
精神疾患《せいしんしっかん》に
なる人は
少なくない

そういうのは親に治療費《ちりょうひ》を払《はら》わせたらいいと思う

たとえば

そうした診断書《しんだんしょ》を
市役所に持っていくと
これまで自己負担《じこふたん》していた
医療費《いりょうひ》やカウンセラー代を
役所が払《はら》ってくれる

払《はら》った分のお金は
役所が親に請求《せいきゅう》する

改善策《かいぜんさく》④
学校の年間行事として子どもによその家に泊《と》まる経験《けいけん》をさせる
よその家に泊《と》まると他の家庭がどんな感じかハウスルールがわかる
そしたら
アレ？うち変だな風呂《ふろ》は月１回しか入れないし…
と気づける
子どもの世界はすごく狭《せま》い
ほとんどの虐待《ぎゃくたい》されてる子はガマンばかりの日常《にちじょう》なので被害《ひがい》の自覚がない
そういう子に気づかせるきっかけを作ってあげられる
ウチの場合はあいさつをする習慣がなかったです

子どもの経済的《けいざいてき》自立

子どもに起業を教えよう

子どもの頃《ころ》から経済的《けいざいてき》な自立の方法を教えれば

親に頼《たよ》らなくても生きていける力がつく

2000年代に入った頃《ころ》高校生起業家が流行《はや》りだした

2010年代には中学生起業家が出てきて

今は小学生起業家の時代

元手0円でできることを知恵《ちえ》で生み出そう

三重県のある小学6年生の場合

学校で先生にわからないところを聞いてもまだわからなかった

それは私《わたし》だけじゃないはず!!

自宅《じたく》のリビングを使って週に1度塾《じゅく》を開いた

近所の子が集まるようになった

同年代の自分が教えると親しみやすいと思った

大人が「子ども向け無料起業塾《きぎょうじゅく》」を作る

どこの町にもある
青年会議所には
30代の社長さんたちがいる
その人たちを講師《こうし》として
招《まね》いて毎週教えていく
できれば座学《ざがく》じゃなくて
実際《じっさい》にビジネスを
やらせてみる

子どもから塾《じゅく》の代金は取らない
塾《じゅく》の立ち上げ費用《ひよう》はクラウドファンディングで資金《しきん》を作ったり助成金を利用すればいい
大人自身がどうしたらいいか考えよう

大人が聞かない空気を作ってる
セクハラやパワハラは少し定着して 声をあげやすくなりましたよね
でも虐待《ぎゃくたい》されてる子たちが声をあげられないのは本人に自覚がないからなんでしょうか？
それもあるけど
大人が声を聞かせてほしいってオープンな空気を出してないからじゃない？
ボクの周りにいる虐待《ぎゃくたい》されてる子たちは言いたいことが山ほどあるよ
でも大人はそういう声を聞こうとしないでしょ？
ボクの福岡にいる友だちの話をするね

彼《かれ》のお子さんが中学を卒業した時
本当は○○君男の子の制服《せいふく》着たくなかったんだって
へえーそういうことがあるのか
それで校長先生に
制服《せいふく》自由化もしくはユニセックス型《がた》の制服《せいふく》を
選択制《せんたくせい》などで導入《どうにゅう》することを生徒会で議題にしていいですか？
校長先生は
あいいですね
生徒たちも
制服《せいふく》自由化賛成《さんせい》!!
唯一《ゆいいつ》の抵抗勢力《ていこうせいりょく》は先生たち
反対!!
生徒指導《しどう》面倒《めんどう》くさいからやめてほしい
で校長先生は
ウチの中学は制服《せいふく》自由化になってユニセックス型《がた》も新たに増《ふ》えます!!
とマスコミ発表しちゃった
保護者《ほごしゃ》
大喜《おおよろこ》び
世間
スバラシイ!!
先生……
…黙《だま》るしかない

そして他の学校も次々と始めて
今は全国に飛び火してる
当事者《とうじしゃ》である子どもの声を聞いてみたら一番いい形が出てきたということですね
その通り
自分たちの意見をどう大人に言えばいいか子どもは学習するチャンスがない
だから大人が言いやすいようにしてあげる
それって親子関係でも同じだよね
子どもはお父さんお母さんと交渉《こうしょう》する方法
交渉《こうしょう》してもいいことを教わらない
許可《きょか》を求めるばかり

「相手のニーズを
満たさなければ
自分のニーズも満たせない」
ということに気づくことが
交渉術《こうしょうじゅつ》のスタート
子どもは
自分の権利《けんり》を
行使するやり方を
教わってないから
わからない
今どうしたいのか
聞かせてくれる？
これはしても
大丈夫《だいじょうぶ》？
もっと言いたいことを
声に出していいよって
大人から子どもに
伝えてあげよう

思いきって親をやめる
ボクはそもそも
人間が人間を育てるなんていうのはおこがましいことなんじゃないかと思う時もある
特殊《とくしゅ》なことかもだけど「やぶうちゅう」というマンガ家さんは親をやめる選択《せんたく》をしたんだよ
やぶうちゅうさんは発達障害《はったつしょうがい》を持ってる
自分が加害者になるのが怖《こわ》くて離婚《りこん》して母親をやめた
私《わたし》は加害者になるの怖《こわ》いから
お母さんやめてもいい？妻《つま》も疲《つか》れたからやめてもいい？
オレ子育て好きだしいいよ
夫さんが全部引き受けてくれた

自分に養育の
スペックがないと
思った時
「離《はな》れる」という選択《せんたく》は
とても重い決断《けつだん》だと思う
そして
自分が親としての
責任能力《せきにんのうりょく》を果たせない
子どもを支配《しはい》してしまいそうで怖《こわ》い
だから母親やめてもいいですか？
という問いかけは
いいと思う
「自分が加害者に
なることが怖《こわ》い」
っていう感覚は
意外と語られて
ないんですよね

チャイルディズム
フェミニズムって聞いたことある?
あ・はい
イミはよくわからないですけど
「女性《じょせい》から見てこの社会がどう見えてるか?」を研究する社会活動のこと
社会
「女性《じょせい》から見る視点《してん》」を作ったのがフェミニズム
昔洗濯《せんたく》はタライに水《みず》張《は》ってゴシゴシ洗《あら》ってた
女性《じょせい》は若《わか》い頃《ころ》から手荒れがひどかった
そんな妻《つま》を見ていた夫が
もっと洗濯《せんたく》が楽にできないかな
それで洗濯機《せんたくき》が生まれた
これはフェミニズムに近い
妻《つま》の声をちゃんと聞いた結果

それと同じ考え方でチャイルディズムというのがある
チャイルディズム
子どもから見たこの社会はどう見えてるか?
そういうことって
今まで語られてこなかったんだよ
子どもはいつか大人になる
だから大人から習えばいい
と一方的に語られてた
子どもは幼《おさな》いもの小さいもの劣《おと》ってるもの
それを大人たちに一元的に押《お》しつけられて誰《だれ》も疑《うたが》わない社会になってる
それおかしくない?
って考えるのがチャイルディズム

子どもは
一個《いっこ》の命
何にでもなれる
存在《そんざい》

それを大人の考える型《かた》に
勝手にはめようとする
社会はおかしい

子どもが選んでいい

何が楽しくて
何がつらいかは
本人がよく知ってる

それぞれ
自分の考え方
生き方 悩《なや》み方 楽しみ方
を選んでいい

みんなちがう

私《わたし》は今の この社会は 子どもから見たら どんなふうに 見えるのかなって 思ったりしてました
てんてんさんが 小学生や 中学生の頃《ころ》 どんな社会だと 思ってました？
ひどい社会 だと思って ました
でしょ
すごく不自由だし 不安にさせられてる と感じたはず
それと 大人は信用 できない
怒
おこっ
そうそう 怖《こわ》いな とか
理不尽《りふじん》に 押《お》しつけてくるし 決めつける

きっと今の子どもたちも同じように思ってる
あっ
そうか…

大人はみんな
昔は子どもだった
じゃない？

だから
「子どものために」
って言う前に

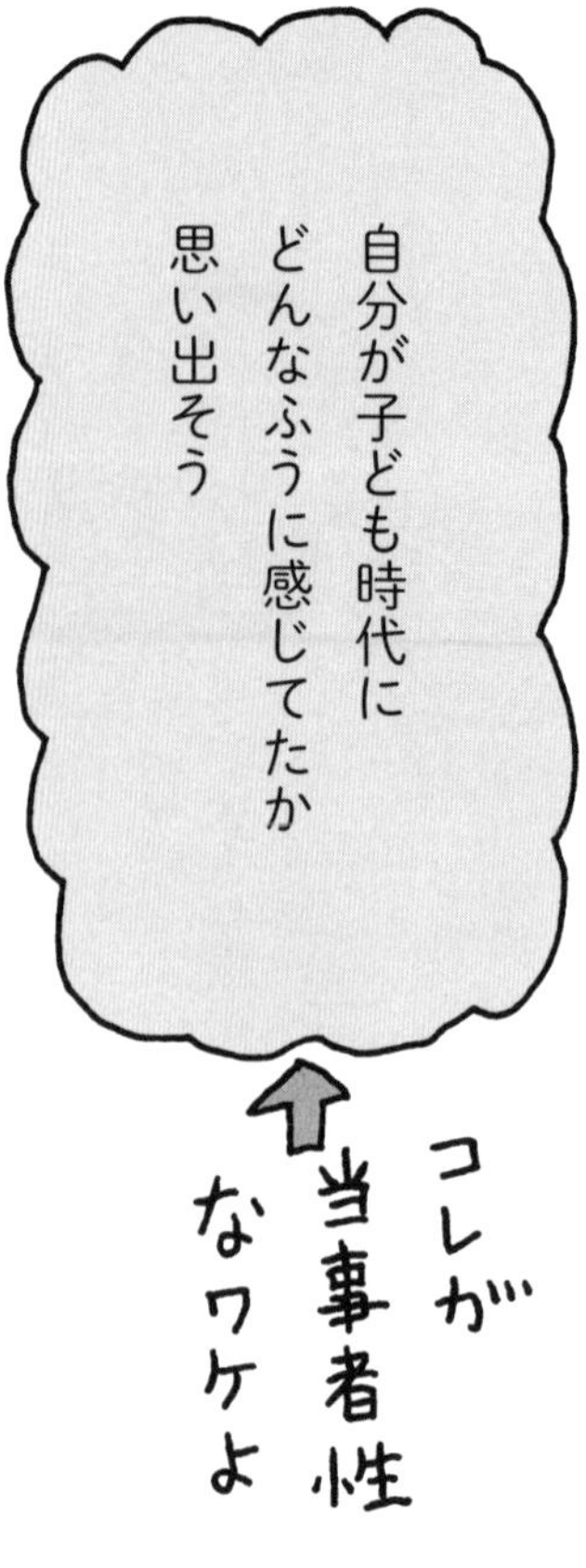
自分が子ども時代に
どんなふうに感じてたか
思い出そう
コレが当事者性なワケよ

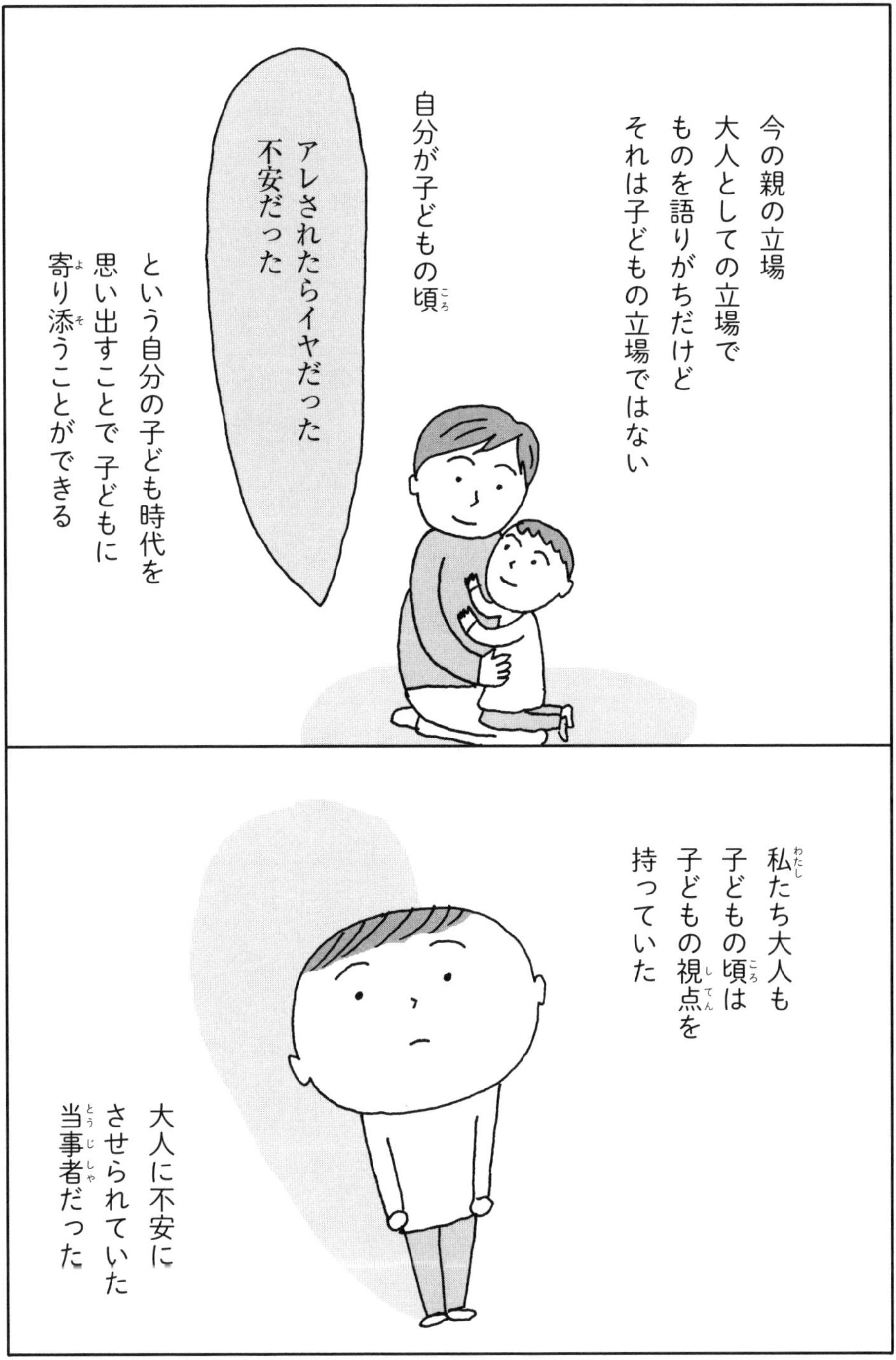
今の親の立場
大人としての立場で
ものを語りがちだけど
それは子どもの立場ではない
自分が子どもの頃《ころ》
アレされたらイヤだった
不安だった
という自分の子ども時代を
思い出すことで 子どもに
寄《よ》り添《そ》うことができる
私《わたし》たち大人も
子どもの頃《ころ》は
子どもの視点《してん》を
持っていた
大人に不安に
させられていた
当事者《とうじしゃ》だった

私《わたし》たちができること
私《わたし》たちがこれからできることはありますか？
一番最初にてんてんさんが
「どこからが虐待《ぎゃくたい》ですか？」って質問《しつもん》したでしょ
そんな感じで虐待《ぎゃくたい》ってすごくわかりやすく具体的に教えないと伝わらないんだ
私《わたし》なんて虐待《ぎゃくたい》と関係なく生きてきたから
という人たちに
虐待《ぎゃくたい》ってどういうことか？
を接続《せつぞく》するのはとても難《むずか》しい

なのでボクは
虐待《ぎゃくたい》と関係なく生きてきた人を相手に喋《しゃべ》ってもらえないかな?
と虐待《ぎゃくたい》された自覚のある人に声をかけてる
まずは「虐待《ぎゃくたい》サバイバー」の気持ちを黙《だま》って聞いてもらう
虐待《ぎゃくたい》サバイバー?
虐待《ぎゃくたい》されたという
苦しみの中をサバイバルして生き抜《ぬ》いてきた人たちのこと
虐待《ぎゃくたい》サバイバーに虐待《ぎゃくたい》の具体的なエピソードを語ってもらった時
はっ
そういえば私《わたし》もそんなことを子どもに言ったかも
自分のことだと気づく人もいる
泣く人もいる
申し訳《わけ》ないと謝《あやま》る人もいる

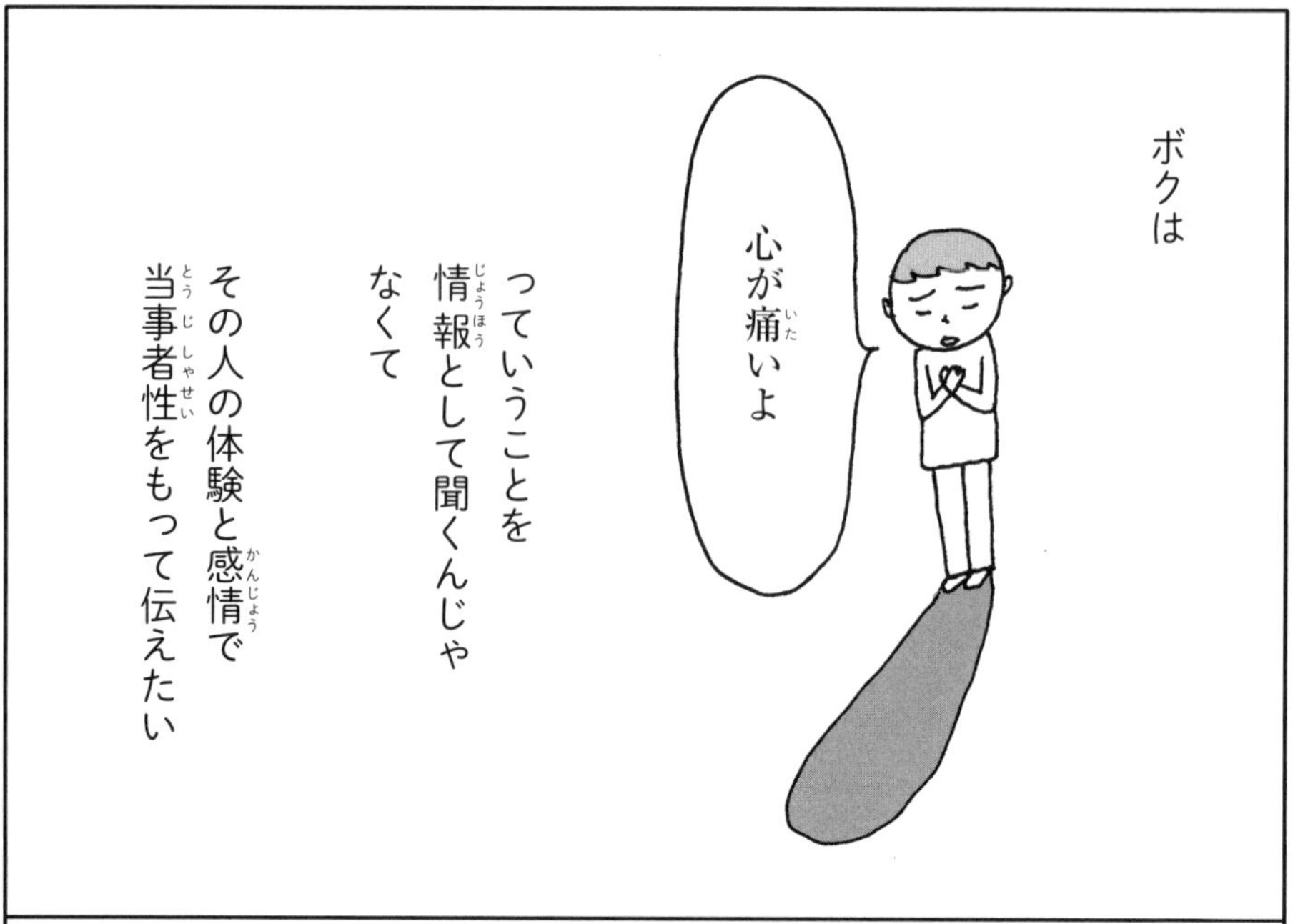
ボクは
心が痛《いた》いよ
っていうことを
情報《じょうほう》として聞くんじゃ
なくて
その人の体験と感情《かんじょう》で
当事者性《とうじしゃせい》をもって伝えたい

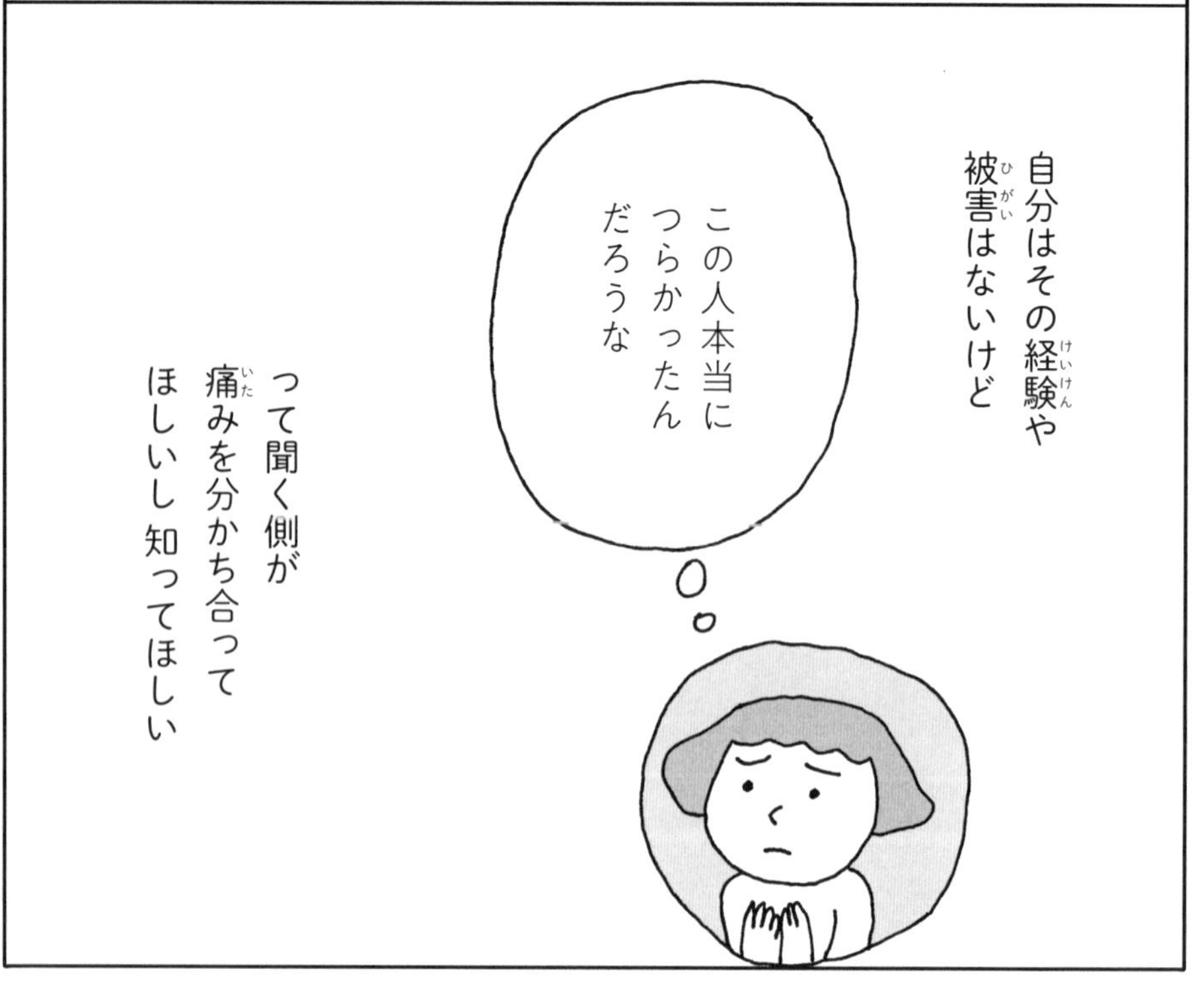
自分はその経験《けいけん》や
被害《ひがい》はないけど
この人本当に
つらかったん
だろうな
って聞く側が
痛《いた》みを分かち合って
ほしいし 知ってほしい

虐待《ぎゃくたい》サバイバーは
虐待《ぎゃくたい》を受けたことで
自尊心《じそんしん》や心の中のものを
メタメタに壊《こわ》されてる
それに気づいている人は
言葉に出して話せる
でも気づけない人は
延々《えんえん》と自分を責《せ》める
私《わたし》が
悪いから
自分のせいだ
親もそのように仕向けてる
だってあなたが
悪いから私《わたし》は
殴《なぐ》らなきゃなのよ
あなたが
騒《さわ》ぐから
仕方なく
やってるの
そういう親の呪《のろ》いに
大人になっても苦しめられてる人が
いることも知ってほしい

それから
もしできたら
学校など公共の場で年に一回「虐待《ぎゃくたい》やめて」のイベントをするといいいんだけどな
STOP
子どもたち自身が自分の権利《けんり》や虐待《ぎゃくたい》のことについて考える場所を作る
そして
学校で「親への手紙」を書いてもらう
その場合
何を書いてもいいよ
というふうにする
どうしてもやめてほしいことなど具体的な例も出すと書きやすい

もちろん親向けの
イベントもやった方が
いいと思う
子どもだけじゃなく親に対しても
「これは自分たちの問題なんだよ」
と気づくための機会を
作ることが必要です

ルポ

子ども虐待《ぎゃくたい》

記者・今一生

VOL. 9

制度改革と虐待防止策

被害当事者の声を無視して防止策？

2023年4月以降、子ども虐待の防止はこども家庭庁の責務になる。だが、子どもの問題を一元的に扱う庁なのに、未成年の約7割がこども家庭庁を知らなかった。

NGOセーブ・ザ・チルドレン・ジャパン（東京）が2022年6〜7月にインターネット上で18歳以下の1050人に「こども家庭庁ができることを知っているか」と問うたところ、734人が「いいえ」と回答したのだ。

そこで、同庁の準備室は同年10月からYouTubeでチャンネルを開設した。だが、2023年に入っても1本あたりの動画の視聴回数は2000回に届かず、多くは3ケタだった。その内容は、小倉将信《おぐらまさのぶ》・こども政策担当大臣のメッセージや、官僚が招いた「有識者」の大人どうしのスピーチ。小学生から20代までを集めて話を聞く回は、切実には困っていないように見える子どもだけが出演していた。

深刻に生きづらい子どものために新設された庁なのに、動画の出演者には、被虐待児やトー横キッズ、茶髪のギャルや少年院あがり、障害児は1人もおらず、大人を悩ませない「都合の良い子」だけ。いじめや虐待、貧困や障害などで苦しんできた人が見たら、「誰のための役所？」と落胆するだろう。

　このままでは、虐待サバイバーやいじめ被害者、不登校経験者、低学歴層などの大人も、こども家庭庁の業務に期待しにくい。

虐待サバイバーのニーズを学ぼう

　虐待防止策を策定する前に、官僚は「有識者」を招いて会議をする。だが、その「有識者」は、大学教授や地方の役人など児童福祉の専門家だけだ。

　彼らは、親に虐待される痛みも知らず、子どもの頃に家出や自殺を試みたこともない。「有識者」は、既存の法律や予算の仕組みを頭でっかちに検証することしかできないのだ。彼ら専門家の知識は、虐待から必死に生き残るために具体的で泥臭い方法を実践で積み上げてきた当事者たちの豊かな知恵には遠く及ばない。

　僕は２０２１年から２０２２年にかけて、虐待サバイバー当事者から、彼らが切実に望んでいる「新しい虐待防止策」をヒアリングした。そのほんの一部を紹介する。

●虐待・子どもの人権・親権について、児童・親・教師が学べる機会を作って！
●子どもが虐待被害を自覚でき、虐待サバイバーに相談できる機会を増やして！
●成人の被虐待経験者は、役所で自立支援金を得て家から離れられるようにして！
●自己負担してきた虐待被害の治療費は市役所が全額返還し、親に請求して！

●子どもの頃に親に虐待された案件は、時効なしに刑罰が科せられるようにして！

●10歳から起業を学べる機会を作り、自主避難の資金を自分で作れるようにして！

●誰が被虐待児を緊急保護しても逮捕されない「短期民間養護者制度」を作って！

●父母に親権を独占させず、子どもに親を選択・排除・追加できる権利を与えて！

●未成年と虐待親は無償でカウンセリングを受けられるよう、費用を国の負担にして！

●虐待の相談窓口に「虐待で苦しんだ元・当事者」を高給で雇って！

●虐待した親の入所を義務づけ、支援・教育・治療する専門施設を作って！

●妊娠発覚時に「親権者責任能力判定試験」を実施し、不適格者は専門施設へ！

●虐待親に対する介護・看護・扶養の義務を、成人なら容易に免れる法律を作って！

●妊娠発覚の時点で「父子手帳」を発行し、プレパパに親権・人権・虐待を教えて！

●学校と保護施設に、親権制限裁判の手続きを子どもに教えることを義務づけて！

親・子が自分でできる防止策

法律や予算を変えなくても、虐待やその激化を予防する方法は親子双方にある。一日でも早く「さよなら、

ルポ 子ども虐待

子ども虐待！」と言えるように、次のことに取り組んでほしい。

◆親ができる防止策……………………

●妊娠発覚時から産褥《さんじょく》期のケアを担う支援団体を検索し、精神の不安定に備える

●自分の障害や病気で育児に不安なら、子どものために医者に診てもらう

●育てにくい子どもがいるなら、一刻も早く女医やカウンセラーに育て方を教わる

●親権者としての法的責任を学び、その能力が乏しいと自覚したら、里親制度を学ぶ

●親権者としての法的責任能力に自信がない時は、子どもを育てたい親族を探し、早めに役所か児童相談所に相談する

●配偶者間で暴力があるなら、保証人不要で安く入れる物件やシェアハウスを探す

◆子ができる防止策……………………

●図書室に子ども虐待に関する本を置くよう、先生に頼む

●『日本一醜い親への手紙』を友達と一緒に読んで話し合い、虐待被害を自覚する

●担任教師・保健室の先生・友達の親・親族と仲良くなっておき、相談しやすくする

●SNSで虐待について書いているライター・弁護士・臨床心理士をフォローする

●味方になってくれる大人と一緒に、喫茶店など家の外で両親と話す機会を設ける

●毎月の収支確認・貯金・中古品販売・アルバイトの習慣で蓄財し、家出に備える

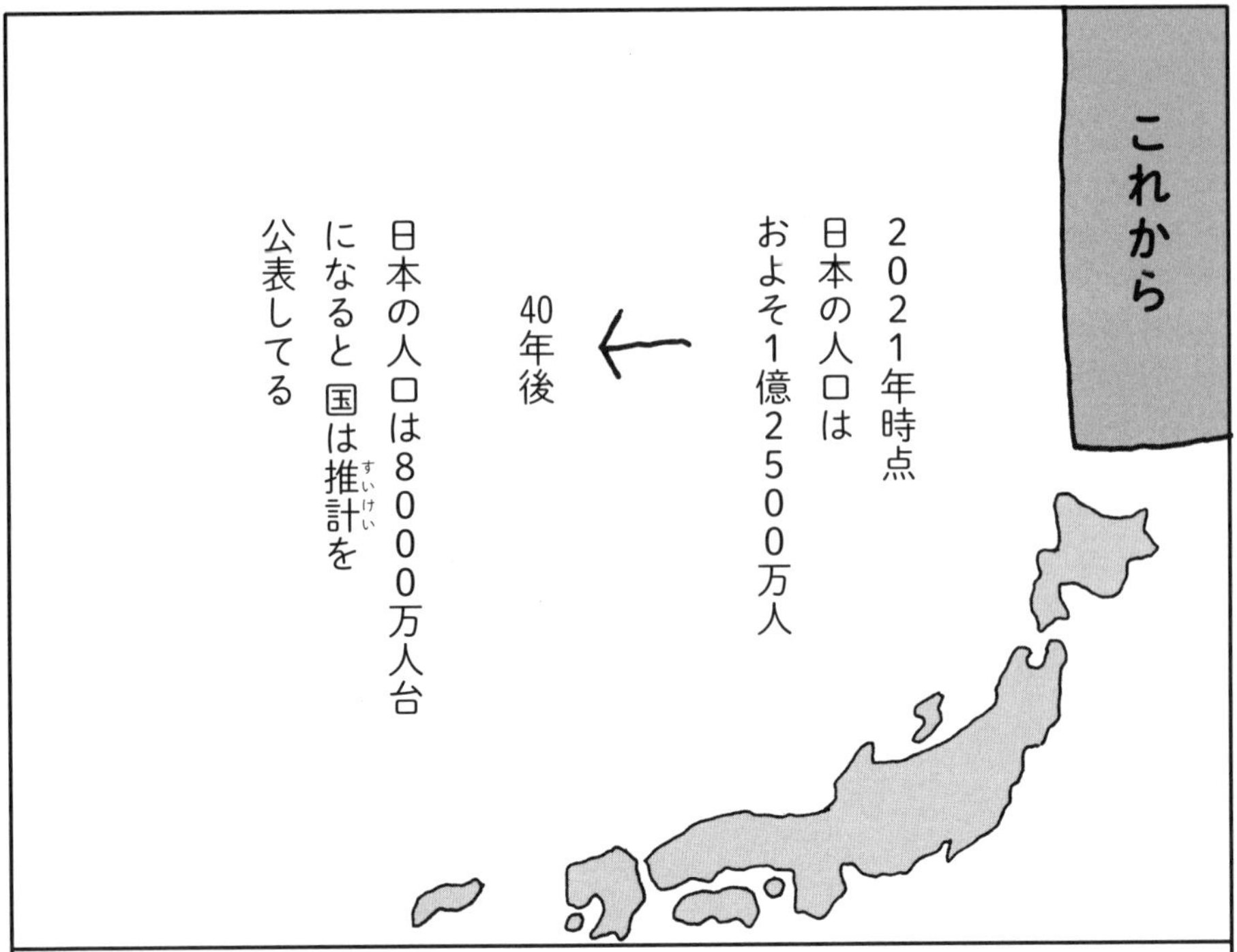
これから
2021年時点
日本の人口は
およそ1億2500万人
40年後
日本の人口は8000万人台
になると 国は推計《すいけい》を
公表してる

今の日本の少子化対策《たいさく》
AI《エーアイ》で選んだ人と
マッチングアプリで
出会わせる
結婚《けっこん》させりゃいいって問題ではない
今の20～30代は
低収入《ていしゅうにゅう》&賃上《ちんあ》げ困難《こんなん》
子どもを持つには
お金がかかる
子どもはつくれない

ボクは少子化対策《たいさく》のキモが虐待防止策《ぎゃくたいぼうしさく》だと思ってる
たとえば子どもを持った時補助金《ほじょきん》が出て子育てを助けてくれる人がたくさんいたら
子どもを安心して産める人が増《ふ》えるでしょ
そしてもっと子どもを大事にできる!!
今はまだそうなってないのよ

日本小児科学会が
2016年に発表した
推計値《すいけいち》だと
15歳《さい》未満の子どもが
年間約350人も
親による虐待《ぎゃくたい》で
亡《な》くなっているんだ
30年間だと1万人以上になるんだよ
私《わたし》今さんのお話を聞いて考えました!!
えっ何を？

こういう現実《げんじつ》をみんなで共有したり勉強したりする会をやりたいです
タイトルは「子どもと親考え隊」です
私《わたし》の周りでも親子の問題で悩《なや》んでいる人はいるし
少なくとも心理的虐待《ぎゃくたい》を無意識《むいしき》にやってる人は結構《けっこう》いると思うんです
そういうことに気づいてもらえる場所を作りたいです

私《わたし》自身（大人）が虐待《ぎゃくたい》の
知識《ちしき》を持って
虐待《ぎゃくたい》から遠ざかりたい

子どもにも
知ってもらって
虐待《ぎゃくたい》から遠ざかって
もらいたい

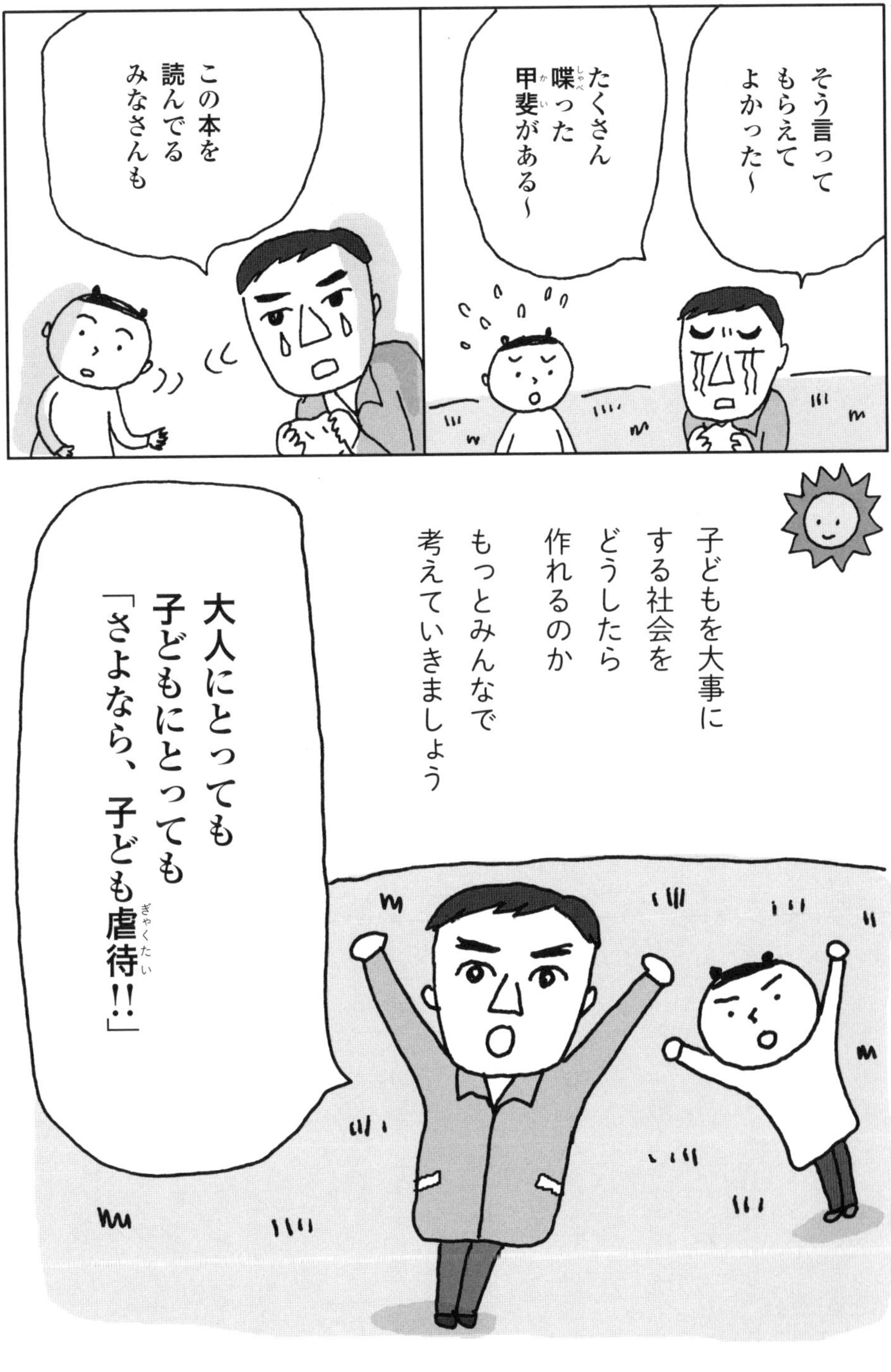
そう言ってもらえてよかった〜
たくさん喋《しゃべ》った甲斐《かい》がある〜
この本を読んでるみなさんも
子どもを大事にする社会をどうしたら作れるのかもっとみんなで考えていきましょう
大人にとっても子どもにとっても「さよなら、子ども虐待《ぎゃくたい》!!」

あとがき

細川貂々（ほそかわ・てんてん）

私《わたし》たちの暮《く》らしている日本という国では、少子化が進んでいます。２０１９年に90万人を割《わ》った出生数は、3年後の２０２２年に80万人を下回ってしまいました。想定していたよりも10年早くそうなってしまったのです。もちろん、短期的な要因《よういん》としては、この3年間は感染症《かんせんしょう》の不安があったりして、妊娠《にんしん》をためらう女性《じょせい》が多かったのかもしれません。

そして、それ以前から、これから子どもを持つことができる世代の収入《しゅうにゅう》が上がらないことや、実際《じっさい》に子どもを持った人たちに不利益《ふりえき》がついて回るような社会が野放しにされていることに関しては、なんの解決《かいけつ》もされていません。この事実ひとつをとっても、社会全体が子どもを嫌《きら》いなのではないか、私《わたし》にはそう感じます。

子どもは、弱くて未熟《みじゅく》で経験《けいけん》がなくて判《はん》断《だん》はまちがってばかりいるもの。手がかかって面倒《めんどう》くさいもの。近隣《きんりん》に迷惑《めいわく》ばかりかけるものだ、とかつて思われていて、たぶん今でもそう思われています。だから、大人の言うことを聞いて当然で、自由など与《あた》えなくて良くて、出過《です》ぎたことをしたら叱《しか》ったりバツを与《あた》えたりして、その生命力に傷《きず》をつけるくらい当然だと。そんなふうに大人は子どもが嫌《きら》いで、社会全体としてそう考えていると主張《しゅちょう》しているみたいです。そして、子どもを増《ふ》やすことが、若者《わかもの》の迷《めい》惑《わく》な行動なので、やめさせたい。そんな空気が、政治《せいじ》や社会に満ちています。

住宅街《じゅうたくがい》にある公園で、やってはいけないことの禁止《きんし》リストがだらだらと書かれていて、それに違反《いはん》するとすぐに通報《つうほう》されて、実《じっ》質的《しってき》に子どもが遊び場として使うことができなくされているとか、そういう話を聞いたりもします。

私《わたし》たちが育てられたころの、体罰《たいばつ》や、大《おお》雑把《ざっぱ》で差別的《さべつてき》な叱責《しっせき》、乱暴《らんぼう》な価値観《かちかん》の押《お》し付けなんかは、それがおかしいことが可視《かし》化《か》されて、社会全体として少なくとも「まちがったもの」と見なされるようになりました。虐待《ぎゃくたい》の問題のある面は改善《かいぜん》されています。だけど、いっぽうで、監視《かんし》されて自由が奪《うば》われていたり、自分の欲求《よっきゅう》や好みを主張《しゅちょう》することを良しとされなかったり、人《じん》権《けん》に関わるような側面で、新たな虐待《ぎゃくたい》の芽が生まれているようにも思います。

高校生になった息子と暮《く》らしている私《わたし》たち夫婦《ふうふ》は、今50代ですが、私《わたし》たちが育った時代のアニメや映画《えいが》を観ると、今とは子ども観が大きく違《ちが》うことに気付かされます。たいていは眉《まゆ》をひそめたくなるような「あの頃《ころ》の大人って最低！」と思うような乱暴《らんぼう》な常識《じょうしき》だったりするのですが、いっぽうで、子どもが空き地でボール遊びをして近《きん》隣《りん》の住宅《じゅうたく》の窓ガラスが割《わ》られるようなことがあったとしても、警察沙汰《けいさつざた》にさえならない大らかさがあったりもします。過去《かこ》と今とを比《くら》べても、本当に良くなったのか、悪くなったのかさえ、よくわからない。

ひとつだけ確《たし》かに言えることは、こんなふうに子どもと、子どもと関わる人がどんどん社会の少数派《しょうすうは》になってきている今の時代は、これまでなかったような取り組みが必要だということです。大人たちの大多数が「子どもはキライ」と思っていても、その空気を野放しにしていてはダメなんです。あらゆるハラスメントや暴力《ぼうりょく》、虐待《ぎゃくたい》などを根絶《こんぜつ》していかなくてはならないし、結局のところ、それが人生の半分を弱者（4分の1が子ども時代、4分の1は老年時代）として生きていく私《わたし》たちひとりひとりを守ることになるからです。

あとがき

今一生（こん・いっしょう）

子どもが切実に悩《なや》んでいる時、大人は「勇気を出して相談を」と呼《よ》びかけがちです。

でも、たとえばあなたが子どもで、実の父親にレイプされていたら、母親や兄弟、友人や先輩《せんぱい》に相談できるでしょうか？　学校や塾《じゅく》の教師《きょうし》に言い出せるでしょうか？

大人の中には、「他の子どもが動揺《どうよう》するから虐待《ぎゃくたい》の話は人前ではするな」と言い出す人もいます。そうした現実《げんじつ》をふまえれば、被害《ひがい》当事者である子どもに「勇気を出して」と求めるのは、残酷《ざんこく》です。

しかも、勇気をふり絞《しぼ》って相談しても、ほとんど保護《ほご》されないという現実《げんじつ》があります。そこで、勇気を出して、虐待《ぎゃくたい》された痛《いた》みに向き合う責任《せきにん》があるのは、大人のあなたではないでしょうか？

もっとも、僕《ぼく》は社会活動家になってほしいと言いたいわけではありません。せめて1回でもいいから、虐待《ぎゃくたい》された当事者の声を聞いてほしいのです。とくに、「自分は親から虐待《ぎゃくたい》されたことがない」と思っている方にこそ、虐待《ぎゃくたい》サバイバーの痛《いた》みを知ってほしいのです。

YouTubeで「子ども虐待防止策《ぎゃくたいぼうしさく》イベント」を検索《けんさく》すれば、子どもの頃《ころ》に親から虐待《ぎゃくたい》され、大人になっても苦しみ続けているサバイバーたちの告白《こくはく》を聞くことができます。この動画の上映会《じょうえいかい》を学校や地域《ちいき》の集まりで企画《きかく》したり、大学の講義《こうぎ》に使用するなど、1人でも多くの方に分かち合ってほしいのです。

グーグルで「子ども虐待防止《ぎゃくたいぼうし》の朗読会《ろうどくかい》を、あなたの街で」を検索《けんさく》すれば、人前で自分の虐待被害《ぎゃくたいひがい》を語れるサバイバーを見つけられるので、メールで依頼《いらい》すれば、あなたの町で講演《こうえん》をしてくれます。

あなたにお子さんがいるなら、ＰＴＡや学校に働きかけて虐待《ぎゃくたい》サバイバーを招《まね》き、親子と教職員《きょうしょくいん》が一緒《いっしょ》に話を聞くチャンスを作ってほしいです。

卒業した母校に恩師《おんし》がいるなら、ぜひ一度、電話で提案《ていあん》してみてほしいのです。

それらの活動は、子どもが虐待被害《ぎゃくたいひがい》を大人に言い出すことに比《くら》べれば、決して大きな勇気を必要とするものではないはずです。

あなたが「虐待《ぎゃくたい》されて苦しんでいる子どもを救《すく》

いたい」と思うなら、２次情報《じょうほう》しか知らない研究者や専門家《せんもんか》などの代弁者《だいべんしゃ》ではなく、１次情報《じょうほう》そのものである虐待《ぎゃくたい》サバイバー当事者の声を聞いてほしいのです。

当事者の話を聞くと、それまで「自分は虐待《ぎゃくたい》されたことなどない」と思っていた方も、子ども時代に切実に苦しんでいた経験《けいけん》を思い出すかもしれません。そこで、「苦しんでいる子どものために」という構《かま》えが「苦しんでいた私《わたし》自身のために」と変わった時、僕《ぼく》らは初めて子どもと痛《いた》みを分かち合える当事者になれるのです。

そうなれば、子どもを産む前なら「五体満足なら他に何も望まない」と祈《いの》っていたのに、産後から「こんな大人になってね」とか、「私立《しりつ》の幼稚園《ようちえん》に行かせよう」など、親としてのエゴを、子どもから本音を聞く前に持ち始めた罪《つみ》の大きさにも気づくでしょう。

あなたがかつてそうであったように、すべての子どもは大人からの要求に対してガマンをしています。そうしないと、生きていけないから。子どもはみんな、「この家から出ていけ」「学校に来なくていい」などと言われてしまうのが怖《こわ》いのです。

そうした恐怖《きょうふ》と不安で支配《しはい》されるより、「私《わたし》は何でもできる」「僕《ぼく》は何者にもなれる」という希望とときめきを守られて生きられる方が、人生は豊《ゆた》かになります。

「自分も子どもの頃《ころ》にガマンしていたなぁ」と思い出せた大人は、「私《わたし》にはどうせ無理」と思ってしまう時、自分にかけられた呪《のろ》いに気づきます。その「どうせ無理」とあきらめる癖《くせ》こそ、虐待《ぎゃくたい》されて育った証《あかし》。それに気づけば、大人になるとは「自分以外の誰《だれ》かにとって都合の良い人になること」ではなく、「自分になること」だと悟《さと》れます。虐待《ぎゃくたい》被害《ひがい》の自覚は、「私《わたし》の弱さは私《わたし》のせいじゃなかった」と荷下ろしをさせ、人生に希望を作るのです。

最後に。細川貂々《ほそかわてんてん》さんと共著《きょうちょ》を作れたことは、光栄でした。担当編集者《たんとうへんしゅうしゃ》・坂上祐介《さかがみゆうすけ》さんと創元社《そうげんしゃ》に感謝《かんしゃ》を申し上げます。

細川貂々

ほそかわ・てんてん

1969年、埼玉県生まれ。漫画家・イラストレーター。セツ・モードセミナー卒業。パートナーのうつ病を描いた『ツレがうつになりまして。』(幻冬舎)がテレビドラマ化、映画化される。水島広子医師との共著「それでいい。」シリーズ(創元社)もベストセラーに。近刊に、自身の発達障害を描いた『凸凹あるかな? わたし、発達障害と生きてきました』(平凡社)、児童書に『がっこうのてんこちゃん』(福音館書店)、『こころってなんだろう』(講談社)、イラストを手掛けた本に伊藤絵美『セルフケアの道具箱』(晶文社)などがある。現在、兵庫県宝塚市で、生きづらさを抱えた人たちが集う「生きるのヘタ会?」を主宰。

今一生

こん・いっしょう

1965年、群馬県生まれ。千葉県立木更津高校卒。早稲田大学第一文学部除籍。コピーライターを経て、25歳の時(1990年)からライター・編集者。子ども虐待を主なテーマに取材・執筆・講演を続ける。著書に『子ども虐待は、なくせる』(日本評論社)、『猫とビートルズ』(共著/金曜日)など多数。編著の『日本一醜い親への手紙』シリーズは、累計30万部を突破。2018 − 2022年、虐待サバイバーと一緒に『子ども虐待防止策イベント』を全国各地で開催し、YouTubeで公開。大学・高校などからの依頼で社会起業やソーシャルデザインを授業で解説したり、自治体からの依頼で起業事例を市民向けに講義するなど、生きづらい人向けに経済的自立の方法を広める活動も。2023年は、『Childism: Confronting Prejudice Against Children』(エリザベス・ヤング・ブリューエル著)を翻訳中で、視聴者登録26万人超えのYouTubeチャンネル『一月万冊』に出演中。講演・執筆などお仕事の依頼はメールで(conisshow@gmail.com)。

さよなら、子《こ》ども虐待《ぎゃくたい》

2023年7月20日　第1版第1刷発行

著　者
細川貂々（てんてん企画）＆今一生

発行者
矢部敬一

発行所
株式会社 創元社
https://www.sogensha.co.jp/
〈本社〉
〒541-0047
大阪市中央区淡路町4-3-6
Tel.06-6231-9010
Fax.06-6233-3111
〈東京支店〉
〒101-0051
東京都千代田区神田神保町1-2 田辺ビル
Tel.03-6811-0662

印刷所
図書印刷 株式会社

 ISBN 978-4-422-93100-5　C0095